Aldous Huxley

Wiedersehen mit der Schönen neuen Welt

Serie Piper
Band 670

Zu diesem Buch

Siebenundzwanzig Jahre nach dem Erscheinen seines weltberühmt gewordenen Romans »Schöne neue Welt« (1932), einer ironisch-satirischen Zukunftsvision, mißt Aldous Huxley die Utopien von damals an der Realität der Gegenwart, und er kommt zu dem Schluß, daß viele seiner Voraussagen bereits Tatsachen geworden sind. Die Anonymität der Verwaltungsapparate (auch in den westlichen Demokratien), tiefenpsychologische Methoden der politischen Propaganda und der gewaltlosen Manipulation sowie die Allgegenwart der Massenmedien bedrohen unmerklich Individualität und persönliche Freiheit des Menschen.

Dieser große Essay ist bis heute aktuell geblieben, denn die Entwicklung der letzten Jahrzehnte hat deutlich werden lassen, daß für die westlichen Demokratien in der Verwirklichung der Huxleyschen Negativutopie die weit größere Gefahr liegt als in der Orwells.

Aldous Leonard Huxley, 1894 in Godalming/Surrey geboren, wurde in Eton erzogen, studierte nach einer schweren Augenkrankheit englische Literatur in Oxford und war ab 1919 zunächst als Journalist und Theaterkritiker tätig. 1921 begann er mit der Veröffentlichung seines ersten Romans »Die Gesellschaft auf dem Lande« seine literarische Laufbahn. Von 1938 an lebte er in Kalifornien. Huxley starb 1963 in Hollywood.

Huxleys vielfältiges literarisches Schaffen umfaßt Gedichte, Reisebeschreibungen, philosophische und naturwissenschaftliche Essays, Erzählungen sowie vor allem ein umfangreiches zeit- und gesellschaftskritisches Romanwerk, in dem sich von den dreißiger Jahren an eine vom Buddhismus beeinflußte mystische Haltung niederschlägt.

Aldous Huxley

Wiedersehen mit der Schönen neuen Welt

Aus dem Englischen von
Herberth E. Herlitschka

Piper
München Zürich

Die Originalausgabe erschien 1959 unter dem Titel
»Brave New World Revisited«
bei Chatto & Windus, London.

Von Aldous Huxley liegen in der Serie Piper bereits vor:
Die Pforten der Wahrnehmung/Himmel und Hölle (6)
Die Kunst des Sehens (216)
Moksha (287)
Narrenreigen (310)
Affe und Wesen (337)
Eiland (358)
Glücklich bis ans Ende ihrer Tage (423)
Der kleine Mexikaner (456)
Nach vielen Sommern (496)
Weitere Werke sind in Vorbereitung.

ISBN 3-492-10670-6
Neuausgabe März 1987

Umschlag: Federico Luci,
unter Verwendung des Environments
»Alice, ihre Musik und Gedichte hörend« (1970) von
George Segal (Staatsgalerie Moderner Kunst, München)
Satz: H. Mühlberger, Augsburg
Druck und Bindung: Clausen & Bosse, Leck
Printed in Germany

INHALT

VORWORT

Des Witzes Seele kann zur leibhaftigen Unwahrheit werden. So elegant und einprägsam Kürze auch sein mag, kann sie naturgemäß nie allen Gegebenheiten eines vielfältigen Sachverhalts gerecht werden. Einen solchen vermag man nur im Weglassen und Vereinfachen kurz zu fassen. Weglassungen und Vereinfachungen helfen uns, zu verstehen – aber in vielen Fällen das Falsche; denn was wir erfassen, sind vielleicht nur die säuberlich formulierten Vorstellungen des Vereinfachers, nicht die ganze, vielverzweigte Wirklichkeit, der diese Vorstellungen so willkürlich entnommen sind.
Doch das Leben ist kurz und des Lernens kein Ende: Niemand hat Zeit für alles. In der Praxis sind wir gewöhnlich gezwungen, zwischen einer ungebührlich kurzen oder dem Verzicht auf jegliche Darlegung zu wählen. Die Verkürzung ist also ein notwendiges Übel, und Aufgabe des »Kürzenden« ist es, so gut er kann, mit einer Arbeit fertig zu werden, welche, wenn auch an sich schlecht, doch besser ist als nichts. Er muß lernen, zu vereinfachen, ohne zu verfälschen. Er muß lernen, sich auf das Wesentliche eines Sachverhalts zu konzentrieren, ohne zu viele die Wirklichkeit näher bestimmende Nebenumstände unbeachtet zu lassen. Auf diese Weise gelingt es ihm vielleicht, zwar nicht die volle Wahrheit (denn die volle Wahrheit über irgendeinen wichtigen Gegenstand ist unvereinbar mit Kürze), aber beträchtlich mehr zu sagen als die gefährlichen Viertel- und Halbwahrheiten, welche immer die gängige Münze des Denkens waren.
Das Thema der Freiheit und ihrer Feinde ist unerschöpflich, und was ich hier geschrieben habe, ist sicherlich zu kurz,

um ihm gerecht zu werden, aber ich habe wenigstens viele Seiten des Problems berührt. Jede dieser Seiten ist in der Darlegung vielleicht ein wenig zu sehr vereinfacht worden; diese aufeinanderfolgenden übermäßigen Vereinfachungen summieren sich jedoch zu einem Bild, welches, wie ich hoffe, eine Andeutung des Ausmaßes und der Vielfältigkeit der Sache selbst vermittelt.

Nicht berücksichtigt in diesem Bild (nicht weil sie unwichtig wären, sondern bloß aus Bequemlichkeit und weil ich sie bei früheren Gelegenheiten erörterte) sind die mechanischen und militärischen Feinde der Freiheit – die Waffen und Werkzeuge, welche die Macht der Weltbeherrscher über ihre Untertanen so außerordentlich verstärkt haben, und die immer ruinöseren kostspieligen Vorbereitungen für immer sinnlosere und selbstmörderischere Kriege. Beim Lesen der folgenden Kapitel sollte man sich als Hintergrund den ungarischen Aufstand und seine Niederschlagung denken, die Wasserstoffbomben, die Kosten dessen, was jede Nation »Verteidigung« nennt, und jene endlosen Kolonnen uniformierter junger Männer, weißer, schwarzer, brauner und gelber Hautfarbe, die gehorsam dem gemeinsamen Massengrab entgegenmarschieren.

ÜBERVÖLKERUNG

Im Jahre 1931, als ich *Schöne neue Welt* schrieb, war ich überzeugt, daß wir noch viel Zeit hätten. Die völlig organisierte Gesellschaft, das wissenschaftliche Kastensystem, die Abschaffung des freien Willens mittels methodischen Konditionierens, die durch regelmäßige Verabreichung pharmakologisch hervorgerufener Glückseligkeit annehmbar gemachte Versklavung, die in nächtlichen Schlafunterrichtskursen eingetrichterten Glaubensartikel – das alles würde wohl einmal kommen, aber nicht zu meiner Lebenszeit, nicht einmal zu der meiner Enkel. Ich weiß das genaue Datum der in *Schöne neue Welt* erzählten Ereignisse nicht mehr; aber sie spielten sich irgendwann im 6. oder 7. Jahrhundert n. F. (nach Ford) ab. Wir, die wir im zweiten Viertel des 20. Jahrhunderts n. Chr. lebten, waren zugegebenermaßen die Bewohner einer recht grausigen Welt; aber der Alptraum jener Jahre der großen Wirtschaftskrise war grundverschieden von dem in *Schöne neue Welt* beschriebenen Alptraum der Zukunft. Der unsere war ein Alptraum des Mangels an Ordnung; dieser, im 7. Jahrhundert n. F., einer des Übermaßes daran. Beim Übergang von dem einen Extrem zum anderen ergäbe sich eine lange Zwischenzeit, so stellte ich mir vor, während welcher das von Glück begünstigtere Drittel der Menschheit das Beste aus beiden Welten machen würde – der unordentlichen Welt des Liberalismus und der viel zu ordentlichen »schönen neuen Welt«, in welcher völlig reibungsloses Funktionieren keinen Raum für Freiheit oder persönlichen Unternehmungsgeist ließe.

Siebenundzwanzig Jahre danach, in diesem dritten Viertel des 20. Jahrhunderts n. Chr. und lange vor dem Ende des 1.

Jahrhunderts n. F., denke ich beträchtlich weniger optimistisch denn damals, als ich *Schöne neue Welt* schrieb. Die Prophezeiungen von 1931 werden viel früher wahr, als ich dachte. Die selige Zeit zwischen zu wenig Ordnung und dem Alptraum aus zu viel Ordnung hat nicht begonnen und scheint nicht beginnen zu wollen. Zwar erfreuen sich die Menschen im Westen vereinzelt noch immer eines großen Maßes an Freiheit. Aber auch in denjenigen Ländern, die seit jeher demokratisch regiert werden, scheint diese Freiheit und sogar das Verlangen danach im Schwinden zu sein. In der übrigen Welt ist die Freiheit des Individuums schon verschwunden oder ganz offensichtlich unmittelbar im Verschwinden begriffen. Der Alptraum totaler Organisation, den ich ins 7. Jahrhundert n. F. verlegt hatte, ist aus der ungefährlich fernen Zukunft herausgetreten und erwartet uns nun unmittelbar vor unserer Tür.

George Orwells *1984* war die vergrößerte Projektion einer Gegenwart, welche den Stalinismus beinhaltete, und einer unmittelbaren Vergangenheit, welche das Emporkommen des Nazitums miterlebt hatte, in die Zukunft. *Schöne neue Welt* hingegen wurde geschrieben, bevor Hitler zur Macht gelangt und als der russische Tyrann noch nicht zu richtiger Entfaltung gekommen war. Systematischer Terror war 1931 noch nicht die beängstigende zeitgenössische Realität, zu der er 1948 wurde, und die künftige Diktatur meiner imaginären Welt war ein gut Teil weniger brutal als die von Orwell so brillant porträtierte. Unter den Verhältnissen von 1948 schien *1984* auf schreckliche Weise stimmig zu sein. Aber Tyrannen sind letztlich doch sterblich, und Umstände ändern sich. Die jüngsten Entwicklungen in Rußland und die jüngsten Fortschritte in Wissenschaft und Technologie haben dem Buch Orwells einiges von seiner gruseligen Wirklichkeitsnähe genommen. Ein Atomkrieg wird selbstverständlich jedermanns Voraussagen Lügen strafen. Aber nehmen wir für den Augenblick an, daß die Großmächte davon Abstand nehmen, uns zu vernichten, so können wir sagen, daß es nun so aussieht, als wären die

Aussichten für eine »Schöne neue Welt« günstiger als für ein »1984«.
Im Licht dessen, was wir in jüngster Zeit über das Verhalten der Tiere im allgemeinen und der Menschen im besonderen gelernt haben, hat sich gezeigt, daß Bestrafung unerwünschten Verhaltens auf die Dauer eine weniger wirksame Kontrolle zeitigt als Belohnung (und dadurch Förderung) erwünschten Verhaltens und daß ein Terrorregime im großen und ganzen weniger gut funktioniert als ein Regime durch gewaltlose Manipulation der Umwelt und der Gedanken und Gefühle einzelner Männer, Frauen und Kinder. Bestrafung macht unerwünschtem Verhalten zeitweilig ein Ende, vermindert aber nicht auf Dauer die Neigung des Opfers zu solchem Verhalten. Überdies können die psycho-physischen Nebenwirkungen der Bestrafung ebenso unerwünscht sein wie das Verhalten, für das ein Mensch bestraft worden ist. Die Psychotherapie ist großenteils mit den lähmenden oder antisozialen Folgen früherer Bestrafungen beschäftigt.
Die in *1984* beschriebene menschliche Gesellschaft ist eine fast ausschließlich durch Bestrafung und Furcht vor Bestrafung beherrschte Gesellschaft. In der imaginären Welt meiner eigenen Fabel ist Bestrafung nicht sehr häufig und gewöhnlich geringfügig. Die von der Regierung ausgeübte fast völlige Kontrolle wird durch systematisches Verstärken erwünschten Verhaltens erzielt, durch viele Arten fast gewaltlosen, sowohl physischen als auch psychischen Manipulierens und durch genetische Normung. Embryos in Flaschen und die zentralisierte Kontrolle der Fortpflanzung sind vielleicht nicht unmöglich; aber es scheint unzweifelhaft, daß wir noch lange eine lebendgebärende, willkürlich sich fortpflanzende Spezies bleiben werden. Für praktische Zwecke kann man die genetische Normung ausschließen. Die menschliche Gesellschaft wird weiterhin erst postnatal kontrolliert werden – wie bisher durch Bestrafen, und in zunehmendem Maße durch die wirksameren Mittel des Belohnens und wissenschaftlichen Manipulierens.

In Rußland hat die altmodische Diktatur Stalins im Stil von *1984* einer zeitgemäßeren Form der Tyrannei zu weichen begonnen. In den oberen Schichten der hierarchischen Sowjetgesellschaft hat die Förderung erwünschten Verhaltens die älteren Methoden der Bestrafung unerwünschten Verhaltens zu ersetzen begonnen. Ingenieure und Wissenschaftler, Lehrer und Verwaltungsbeamte werden für gute Arbeit ansehnlich bezahlt und so mäßig besteuert, daß sie einen beständigen Ansporn fühlen, mehr zu leisten und so auch höher entlohnt zu werden. Auf bestimmten Gebieten steht es ihnen frei, mehr oder weniger zu denken und zu tun, was sie wollen. Bestrafung erwartet sie nur, wenn sie sich über die vorgeschriebenen Grenzen in die Gebiete der Ideologien und der Politik verirren. Eben weil ihnen ein gewisses Maß beruflicher Freiheit gewährt ist, haben russische Lehrer, Wissenschaftler und Techniker so bemerkenswerte Erfolge erzielt. Diejenigen jedoch, die nahe der Basis der Sowjetpyramide leben, erfreuen sich keiner solcher Vorrechte, wie sie der begünstigten oder besonders begabten Minderheit gewährt werden. Ihre Löhne sind mager, und sie zahlen in Form von hohen Preisen einen unverhältnismäßig großen Teil der Steuern. Das Gebiet, auf dem sie tun können, was sie wollen, ist äußerst beschränkt, und sie werden von ihren Beherrschern mehr durch Bestrafung und die Furcht vor Bestrafung gegängelt, als durch gewaltloses Manipulieren oder die Verstärkung erwünschten Verhaltens mittels Belohnung. Das Sowjetsystem verbindet Elemente von *1984* mit anderen, welche vorwegnehmen, was in den höheren Kasten der »schönen neuen Welt« vorging.

Mittlerweile scheinen unpersönliche Kräfte, über welche wir fast keine Gewalt haben, uns dem Nachtmahr der *Schönen neuen Welt* entgegenzutreiben; und dieses unpersönliche Vorantreiben wird bewußt beschleunigt durch Repräsentanten kommerzieller und politischer Organisationen, welche eine Anzahl neuer Techniken dafür erfunden haben, die Gedanken und Gefühle der Massen zum

Vorteil einer beliebigen Minderheit zu manipulieren. Die verschiedenen Techniken des Manipulierens werden in einem späteren Kapitel besprochen werden. Für den Augenblick wollen wir unsere Aufmerksamkeit auf diejenigen unpersönlichen Kräfte beschränken, die heute die Welt so äußerst ungeeignet für die Demokratie, so ungastlich für persönliche Freiheit machen. Welches sind diese Kräfte? Und warum hat sich der Alptraum, den ich ins 7. Jahrhundert n. F. projizierte, uns so schnell genähert? Die Antwort auf diese Fragen muß dort ansetzen, wo das Leben auch der höchstzivilisierten Gesellschaft seinen Anfang nimmt – im biologischen Bereich.

Am ersten Weihnachtstag zählte die Bevölkerung unseres Planeten ungefähr zweihundertfünfzig Millionen – weniger als die halbe Bevölkerung des heutigen China. Sechzehn Jahrhunderte später, als die Pilgerväter am Plymouth Rock landeten, war die Weltbevölkerung auf ein wenig mehr als fünfhundert Millionen gestiegen. Zur Zeit der Unterzeichnung der amerikanischen Unabhängigkeitserklärung (1776) hatte die Weltbevölkerung die Zahl von siebenhundert Millionen überschritten. Als ich, 1931, *Schöne neue Welt* schrieb, stand sie bei knapp unter zwei Milliarden. Heute, kaum dreißig Jahre später, sind es unser zwei Milliarden und achthundert Millionen. Und morgen – wie viele morgen? Penicillin, DDT und reines Wasser sind wohlfeil zu haben, und ihre Wirkung für die öffentliche Gesundheit steht in keinem Verhältnis zu ihren Kosten. Auch die ärmste Regierung ist reich genug, ihren Untertanen ein beträchtliches Maß der Einschränkung der Sterblichkeitsrate zu bieten. Die Einschränkung der Sterblichkeitsrate ist etwas, was von ein paar Technikern, welche von einer wohlwollenden Regierung bezahlt werden, für ein ganzes Volk gesichert werden kann. Geburtenbeschränkung hängt von der Mitwirkung eines ganzen Volkes ab. Sie muß von zahllosen Individuen geübt werden, von denen sie mehr Intelligenz und Willenskraft fordert, als die meisten der unzähligen Analphabeten unserer Welt aufbringen können, und (so chemische oder mechanische Mittel der Empfängnisverhütung benutzt werden) einen größeren Geldaufwand, als die meisten dieser Millionen sich derzeit leisten können. Überdies gibt es nirgends irgendwelche religiöse Überlieferung, die uneingeschränktes Sterben fordern würde, wogegen religiöse und soziale Überlieferungen zugunsten unbeschränkten Gebärens weit verbreitet sind. Aus all diesen Gründen läßt sich die Einschränkung von Sterblichkeitsraten sehr leicht erzielen, Geburtenbeschränkung aber nur mit großen Schwierigkeiten. Die Sterblichkeitszahlen sind daher in den letzten Jahren mit erstaunlicher Plötzlichkeit gesunken, die Geburtenzahlen aber sind entweder auf ihrem alten Stand geblieben oder sind, wenn sie gesunken sind, nur geringfügig und sehr langsam gesunken. Als Folge dessen steigt die Zahl der Menschen schneller an als zu irgendeiner Zeit in der Geschichte der Spezies.

Hinzu kommt, daß auch die jährlichen Wachstumsraten zunehmen. Sie nehmen regelmäßig zu nach den Regeln der Zinseszinsrechnung; und sie nehmen auch unregelmäßig zu mit jeder neuen Anwendung der Grundsätze öffentlicher Hygiene durch einen technologisch rückständigen Staat. Gegenwärtig beläuft sich die jährliche Zunahme der Weltbevölkerung auf ungefähr dreiundvierzig Millionen. Das bedeutet, daß die Menschheit sich alle vier Jahre um die Zahl der gegenwärtigen Bevölkerung der USA vermehrt und alle achteinhalb Jahre um die Zahl der gegenwärtigen Bevölkerung Indiens. Bei der zwischen der Geburt Christi und dem Beginn des Dreißigjährigen Krieges durchschnittlichen jährlichen Zunahme dauerte es sechzehn Jahrhunderte, bis die Erdbevölkerung sich verdoppelte. Bei der gegenwärtigen Zunahme wird sie sich in weniger als einem halben Jahrhundert verdoppeln. Und diese phantastisch schnelle Duplikation unserer Zahl wird auf einem Planeten stattfinden, dessen begehrenswerteste und produktivste Gebiete schon dicht bevölkert sind, dessen Boden erodiert wird durch die verzweifelten Bemühungen schlechter Landwirte, mehr Lebensmittel zu erzeugen, und dessen leicht greifbares Kapital an Bodenschätzen mit der Bedenkenlosigkeit eines betrunkenen Seemanns vergeudet wird, welcher seine gesparte Heuer verpraßt.

In der »schönen neuen Welt« meiner Fabel war das Problem des Verhältnisses von Bevölkerungszahl zu Bodenschätzen wirksam gelöst worden. Eine Optimalzahl für die Weltbevölkerung war errechnet worden, und von Generation zu Generation wurde diese Zahl eingehalten, die sich (wenn ich mich recht erinnere) auf ein wenig unter zwei Milliarden belief. In der wirklichen Welt von heute ist das Bevölkerungsproblem nicht gelöst worden. Im Gegenteil, es wird mit jedem Jahr ernster und drohender. Und es ist dieser bedrohliche biologische Hintergrund, vor dem sich alle politischen, wirtschaftlichen, kulturellen und psychologischen Dramen unserer Zeit abspielen. Je weiter das 20. Jahrhundert voranschreitet, je mehr neue Milliarden zu den schon vorhandenen hinzukommen (bis meine Enkelin fünfzig sein wird, werden es mehr als fünfeinhalb Milliarden sein), wird dieser biologische Hintergrund immer eklatanter und beängstigender in die Mitte und den Vordergrund der Geschichtsbühne rücken. Das Problem des Verhältnisses der sich schnell vergrößernden Bevölkerungsdichte zu den Rohstoffreserven, zu gesellschaftlicher Stabilität und zum Wohlbefinden des Individuums – dies ist nun das zentrale Problem der Menschheit; und es wird ganz gewiß für ein weiteres Jahrhundert und vielleicht für mehrere Jahrhunderte das zentrale Problem bleiben. Ein neues Zeitalter hat angeblich am 4. Oktober 1957 begonnen. Tatsächlich aber ist in diesem Zusammenhang unser ganzes triumphierendes postsputnikianisches Gerede belanglos, ja sinnlos. Soweit die Massen der Menschheit betroffen sind, wird die Zukunft nicht das Weltraumzeitalter sein, sondern das Zeitalter der Übervölkerung. Wir können die Worte des alten Liedchens parodieren und fragen:

Wird den Weltraum zu durchschwärmen
Euch den Suppenkessel wärmen
Und den Bratspieß drehn, drehn, drehn?

Die Antwort ist selbstverständlich ein Nein. Eine Niederlassung auf dem Mond zu gründen, mag vielleicht von militärischem Vorteil für diejenige Nation sein, die sich dort niederläßt, aber sie wird nicht das geringste dazu beitragen, das Leben auf der Erde während der fünfzig Jahre, welche die gegenwärtige Bevölkerung zu ihrer Verdoppelung brauchen wird, für die unterernährten und sich stetig vermehrenden Milliarden erträglicher zu machen. Und selbst wenn irgendwann in der Zukunft die Auswanderung auf den Mars möglich sein sollte, auch wenn irgendeine beträchtliche Zahl von Menschen verzweifelt genug wäre, sich ein neues Leben unter Bedingungen zu erwählen, welche denen auf einem doppelt so hohen Berg wie dem Everest vergleichbar sind – welchen Unterschied würde das machen? Im Lauf der letzten vier Jahrhunderte sind viele Menschen aus der Alten in die Neue Welt ausgewandert. Aber weder ihr Wegzug noch die vermehrte Erzeugung und Förderung von Lebensmitteln und Rohstoffen hat die Probleme der Alten Welt lösen können. Ebensowenig wird die Verschiffung einiger überzähliger Menschen auf den Mars (mit Unkosten von mehreren Millionen Dollar je Kopf für Beförderung und Niederlassung) etwas dazu beitragen, das Problem des wachsenden Bevölkerungsdrucks auf unserem Planeten zu lösen. Ungelöst aber wird dieses Problem all unsere anderen Probleme unlösbar machen. Schlimmer noch, es wird Zustände schaffen, unter denen die Freiheit des Individuums und die sozialen Übereinkünfte der demokratischen Lebensweise unmöglich, ja fast undenkbar sein werden.
Nicht alle Diktaturen entstehen auf dieselbe Weise. Viele Straßen führen zur »schönen neuen Welt«; aber die vielleicht geradeste und breiteste von ihnen ist die Straße, die wir heute gehen, die Straße, die über gigantische Zahlen

und beschleunigtes Wachstum führt. Wir wollen kurz die Gründe dieser engen Wechselbeziehung zwischen zu vielen und sich zu rasch vermehrenden Menschen und dem Aufkommen autoritärer Philosophien und totalitärer Regierungssysteme betrachten.
Je stärker der Druck großer und zunehmender Bevölkerungen auf die verfügbaren Rohstoffe und Lebensmittel ist, desto unsicherer ist die wirtschaftliche Lage der diese harte Prüfung erduldenden Gesellschaft. Das trifft besonders auf diejenigen unterentwickelten Gebiete zu, wo ein plötzliches Sinken der Sterblichkeitsraten dank DDT, Penicillin und reinem Wasser nicht von einem entsprechenden Sinken der Geburtenzahlen begleitet ist. In manchen Teilen Asiens und im größten Teil Mittel- und Südamerikas wächst die Bevölkerung so schnell, daß sie sich in wenig mehr als zwanzig Jahren verdoppeln wird. Wenn die Erzeugung von Nahrungsmitteln und Verbrauchsgütern, wenn Häuser, Schulen und Lehrer schneller vermehrt werden könnten, als die Zahl der Menschen sich vermehrt, wäre es möglich, das elende Los der in diesen unterentwickelten und übervölkerten Ländern Lebenden zu verbessern. Leider aber fehlt es diesen Ländern nicht nur an landwirtschaftlichen Maschinen und an Industrieanlagen, um diese herzustellen, sondern auch an dem nötigen Kapital zur Errichtung solcher Industrieanlagen. Kapital ist das, was übrigbleibt, nachdem die primären Bedürfnisse eines Volkes befriedigt worden sind. Aber die primären Bedürfnisse der meisten Völker in unterentwickelten Ländern werden nie wirklich befriedigt. Am Ende eines jeden Jahres bleibt fast nichts übrig, und daher ist fast kein Kapital verfügbar, um industrielle und landwirtschaftliche Betriebe zu schaffen, durch welche die Bedürfnisse des Volkes befriedigt werden könnten. Überdies herrscht in allen diesen unterentwickelten Ländern ein großer Mangel an geschulten Arbeitskräften, ohne welche eine moderne Industrie oder moderne Landwirtschaft nicht betrieben werden kann. Die gegenwärtigen Unterrichtsmöglichkeiten sind

unzulänglich, ebenso die finanziellen und kulturellen Mittel, um die bestehenden Möglichkeiten so schnell zu verbessern, wie die Lage es erfordert. Unterdessen vermehrt sich die Bevölkerung einiger dieser unterentwickelten Länder jährlich um drei Prozent.

Ihre tragische Lage wird in einem wichtigen, 1957 veröffentlichten Buch *The Next Hundred Years* der Professoren Harrison Brown, James Bonner und John Weir des California Institute of Technology erörtert. Wie bewältigt die Menschheit das Problem ihrer rasch zunehmenden Zahl? Nicht sehr erfolgreich. »Die Untersuchungsergebnisse erweisen ziemlich eindeutig, daß sich in den meisten unterentwickelten Ländern das Los des Durchschnittsmenschen im letzten halben Jahrhundert beträchtlich verschlechtert hat. Die Menschen werden immer unzulänglicher ernährt. Es kommen weniger verfügbare Güter auf den einzelnen. Und fast jeder Versuch, die Lage zu verbessern, ist durch den unablässigen Druck fortwährend steigenden Bevölkerungszuwachses zunichte gemacht worden.«

Wann immer die wirtschaftliche Stabilität einer Nation gefährdet wird, ist die Regierung gezwungen, zusätzliche Maßnahmen für das allgemeine Wohl zu treffen. Sie muß komplizierte Pläne ausarbeiten, um eine schwierige Situation meistern zu können; sie muß dem Handeln ihrer Staatsbürger immer größere Beschränkungen auferlegen; und wenn, wie es sehr wahrscheinlich ist, sich verschlechternde wirtschaftliche Verhältnisse politische Unruhen oder offenen Aufruhr zur Folge haben, muß die Regierung eingreifen, um die öffentliche Ordnung und die eigene Autorität aufrechtzuerhalten. Immer mehr Macht wird so in den Händen der Exekutive und ihrer bürokratischen Manager konzentriert. Das Wesen der Macht aber ist so beschaffen, daß sogar diejenigen, die nicht nach ihr gestrebt haben, sondern sie sich aufgedrängt sehen, gemeinhin Geschmack daran finden. »Führe uns nicht in Versuchung«, beten wir, und mit gutem Grund; denn wenn Menschen allzu lockend oder allzu lange versucht werden, geben sie gewöhnlich der Versuchung nach. Eine demokratische Verfassung ist ein Mittel, die örtlichen Machthaber daran zu hindern, den besonders gefährlichen Versuchungen zu erliegen, die entstehen, wenn zu viel Macht in zu wenigen Händen konzentriert ist. Eine solche Verfassung bewährt sich recht gut dort, wo, wie in Großbritannien oder den USA, die Achtung vor verfassungsmäßigen Schritten seit alters her eingebürgert ist. Wo aber die republikanische oder beschränkt monarchistische Tradition schwach ist, wird auch die beste Verfassung ehrgeizige Politiker nicht davon abhalten, den Versuchungen der Macht widerstandslos zu erliegen. Und in jedem Land, wo der Bevölkerungszuwachs die verfügbaren Rohstoffe und Nahrungsmittel spürbar zu belasten beginnt, müssen notwendigerweise diese Versuchungen entstehen. Übervölkerung führt zu wirtschaftlicher Unsicherheit und sozialer Unruhe. Unruhe und Unsicherheit führen zu noch mehr Kontrolle durch die Regierung und zu einer Mehrung ihrer Macht. Wo die verfassungsgemäße Ausrichtung fehlt, wird diese vermehrte Macht wahrscheinlich auf diktatorische Weise ausgeübt werden. Auch wenn der Kommunismus nie erfunden worden wäre, würde es wahrscheinlich so geschehen. Der Kommunismus aber ist erfunden worden. Angesichts dessen wird die Wahrscheinlichkeit, daß Übervölkerung zu Unruhen und diese zur Diktatur führen werden, geradezu eine Gewißheit. Es ist ziemlich sicher, daß heute in zwanzig Jahren alle übervölkerten und unterentwickelten Länder der Welt unter irgendeiner Form totalitärer Herrschaft stehen werden – wahrscheinlich der der kommunistischen Partei.

Wie wird diese Entwicklung sich auf die übervölkerten, aber hochindustrialisierten und noch immer demokratischen Länder Europas auswirken? Wenn die neugebildeten Diktaturen ihnen gegenüber feindselig eingestellt wären und wenn der normale Zustrom von Rohstoffen aus den unterentwickelten Ländern absichtlich unterbrochen würde, befänden sich die Nationen der westlichen Welt wahrhaftig in einer sehr schlimmen Lage. Ihre Industrie bräche zusammen, und ihre hochentwickelte Technologie, die ihnen bishin erlaubte, eine viel größere Bevölkerung am Leben zu erhalten, als durch die im eigenen Land zu gewinnenden Rohstoffe und Lebensmittel erhalten werden könnte, würde sie nicht länger vor den Folgen dessen schützen, zu viele Menschen auf einem zu kleinen Gebiet zu haben. Falls dies geschähe, könnte die ungeheure Macht, die die Regierungen sich durch ungünstige Umstände aufgedrängt sähen, im Geist totalitärer Diktatur gebraucht werden.

Die USA sind gegenwärtig kein übervölkertes Land. Wenn sich die Bevölkerung jedoch weiter im gegenwärtigen Maß vermehrt (und diese Zunahme ist größer als diejenige Indiens, wenngleich glücklicherweise beträchtlich geringer als die Mexikos oder Guatemalas), kann das Problem des Verhältnisses der Bevölkerungszahl zur Menge verfügbarer Rohstoffe und Nahrungsmittel zu Beginn des 21. Jahrhunderts durchaus gefährlich werden. Für den Augenblick ist Übervölkerung keine unmittelbare Bedrohung der persönlichen Freiheit der Nordamerikaner. Sie bleibt jedoch eine mittelbare, eine nur um eine Stufe entfernte Bedrohung. Falls Übervölkerung die unterentwickelten Länder in den Totalitarismus triebe und falls diese neuen Diktaturen sich mit Rußland verbündeten, dann würde die militärische Lage der USA beträchtlich unsicherer, und die Vorbereitungen für Verteidigung und Vergeltung müßten vermehrt und beschleunigt werden. Freiheit aber kann, wie wir ja alle wissen, nicht in einem Land blühen, welches dauernd auf Kriegsfuß lebt oder auch nur in einem dem ähnlichen Zustand. Eine dauernde Krise rechtfertigt die dauernde Kontrolle von allem und jedem durch die Exekutivorgane der Regierung. Und eine dauernde Krise ist das, was wir in einer Welt zu erwarten haben, in welcher Übervölkerung einen Zustand erzeugt, der eine Diktatur unter kommunistischen Auspizien fast unvermeidbar macht.

QUANTITÄT, QUALITÄT, MORALITÄT

In der »schönen neuen Welt« meiner Phantasie wurden Eugenik und Dysgenik systematisch praktiziert. In der einen Gruppe von Flaschen erhielten biologisch hochwertige Ovare, von biologisch hochwertigem Sperma befruchtet, die bestmögliche vorgeburtliche Behandlung und wurden schließlich als Beta, Alpha und sogar Alpha-plus entkorkt. In einer anderen, viel zahlreicheren Gruppe von Flaschen wurden biologisch minderwertige Ovare von biologisch minderwertigem Sperma befruchtet, dem Bokanowskyverfahren unterworfen (96 identische Zwillinge aus einem einzigen Ei) und pränatal mit Alkohol und anderen Proteingiften behandelt. Die schließlich entkorkten Geschöpfe waren beinahe untermenschlich; sie waren aber fähig, die Arbeit ungeschulter Arbeiter zu verrichten, und wenn sie ordentlich konditioniert, durch freien und häufigen Zugang zum anderen Geschlecht entspannt, durch kostenlose Unterhaltung beständig abgelenkt und in ihrem erwünschten Verhalten durch tägliche Gaben von Soma bestärkt wurden, konnte man sich darauf verlassen, daß sie ihren Oberen keine Scherereien bereiten würden.

In dieser zweiten Hälfte des 20. Jahrhunderts verhalten wir uns dem Problem der menschlichen Fortpflanzung gegenüber weitgehend unsystematisch; aber auf unsere willkürliche und ungeregelte Weise übervölkern wir unseren Planeten nicht nur, wir legen es, so scheint es, geradezu darauf an, daß diese größeren Menschenmengen biologisch minderwertiger sein müssen. In der schlechten alten Zeit blieben Kinder mit beträchtlichen oder sogar nur geringen erblichen Defekten nur selten am Leben. Heutzutage gelangen dank sanitärer Anlagen, moderner Heilmittelkunde und sozialen Bewußtseins die meisten der mit erblichen Mängeln geborenen Kinder zur Reife und mehren ihre Art. Unter den heutigen Verhältnissen wird jeder Fortschritt in der Medizin durch eine entsprechende Vermehrung derjenigen Überlebenden aufgehoben, die mit irgendwelchen

genetischen Unzulänglichkeiten geschlagen sind. Trotz neuer Wundermedizinen und besserer Behandlungsmethoden (ja, in gewissem Sinn gerade ihretwegen) wird die körperliche Gesundheit der Gesamtbevölkerung keine Besserung zeigen und vielleicht sogar absinken. Und zusammen mit der Durchschnittsgesundheit wird vielleicht auch die Durchschnittsintelligenz sinken. Einige kompetente Fachleute sind sogar überzeugt, daß ein solches Absinken schon eingesetzt hat und fortdauert. »Unter Verhältnissen, die sowohl bequem als auch ungeregelt sind«, schreibt W. H. Sheldon, »neigt unser wertvollstes Geschlecht dazu, reproduktiv von einem Geschlecht verdrängt zu werden, das ihm in jeder Hinsicht unterlegen ist... In einigen akademischen Kreisen ist es Mode, den Studenten zu beteuern, daß die Beunruhigung über unterschiedliche Geburtenzunahme unbegründet sei; daß es sich da bloß um wirtschaftliche Probleme handle oder bloß um erzieherische oder religiöse oder kulturelle oder dergleichen. Das ist unberechtigter Optimismus. Vererbte Delinquenz ist etwas Biologisches und Grundlegendes.« Und er fügt hinzu: »Niemand weiß genau, wie weit der durchschnittliche Intelligenzquotient in diesem Land (den USA) seit 1916 abgesunken ist, als Terman versuchte, den IQ 100 zu standardisieren.«
In einem unterentwickelten und übervölkerten Land, wo vier Fünftel der Bevölkerung weniger als zweitausend Kalorien täglich erhalten und nur ein Fünftel sich einer genügenden Ernährung erfreut, können da demokratische Einrichtungen spontan entstehen? Oder, wenn sie von außen oder von oben aufgezwungen werden, können sie sich da halten?
Und nun wollen wir den Fall der reichen, industrialisierten demokratischen Gesellschaft betrachten, in welcher, als Folge ungewollten, aber wirkungsvollen Praktizierens der Dysgenik, Intelligenzquotienten und körperliche Lebenskraft im Sinken sind. Wie lange kann eine solche Gesellschaft ihre Werte individueller Freiheit und demokratischer Regierung beibehalten? In fünfzig oder hundert Jah-

ren werden unsere Kinder die Antwort auf diese Frage erfahren.
Inzwischen sehen wir uns einem äußerst beunruhigenden sittlichen Problem gegenüber. Wir wissen, daß gute Zwekke nicht die Anwendung schlechter Mittel rechtfertigen. Was aber ist mit denjenigen, heute so häufigen Situationen, in denen gute Mittel Ergebnisse haben, welche sich als schlecht erweisen?
Wir begeben uns zum Beispiel auf eine tropische Insel, und mit Hilfe von DDT rotten wir die Malaria aus und retten so in zwei oder drei Jahren Hunderttausenden das Leben. Das ist offensichtlich gut. Aber die Hunderttausende von Menschen, die so gerettet wurden, und die Millionen, die von diesen gezeugt und geboren werden, können mit den auf der Insel zur Verfügung stehenden Mitteln nicht ausreichend gekleidet, behaust, unterrichtet, ja nicht einmal genügend ernährt werden. Schneller Tod durch Malaria ist abgeschafft worden; aber ein durch Unterernährung und Überfüllung elend gemachtes Leben ist nun die Regel, und ein langsamer Tod durch regelrechtes Verhungern bedroht eine immer größere Zahl von Menschen.
Und wie steht es mit den von Geburt an unzulänglichen Organismen, die unsere Medizin und unsere sozialen Einrichtungen jetzt am Leben erhalten, so daß sie ihresgleichen fortpflanzen können? Den Unglücklichen zu helfen, ist offensichtlich gut. Aber unseren Nachkommen in Bausch und Bogen die Folgen ungünstiger Mutationen zu übermitteln und den genetischen Vorrat, aus welchem die Angehörigen unserer Spezies ihre Lose ziehen werden, immer mehr zu verseuchen, ist nicht weniger offensichtlich schlecht. Wir befinden uns da in einem ethischen Dilemma, und um den Mittelweg zu finden, werden wir unserer ganzen Intelligenz und unseres ganzen guten Willens bedürfen.

ÜBERORGANISIERUNG

Die kürzeste und breiteste Straße zum Alptraum der »schönen neuen Welt« führt, wie gesagt, über Übervölkerung und die beschleunigte Vermehrung der Menschheit – zwei Milliarden achthundert Millionen heute, fünf Milliarden fünfhundert Millionen um die nächste Jahrhundertwende, wobei der größte Teil der Menschheit vor der Wahl zwischen Anarchie und totalitärer Kontrolle stehen wird. Aber der wachsende Bevölkerungsdruck auf die verfügbaren Rohstoffe und Nahrungsmittel ist nicht die einzige Kraft, die uns dem Totalitarismus zutreibt. Dieser geheime biologische Feind der Freiheit ist mit unermeßlichen Kräften verbündet, welche gerade durch diejenigen Fortschritte der Technologie entstehen, auf die wir am stolzesten sind. Mit Recht stolz sind, kann man hinzufügen; denn diese Fortschritte sind die Früchte von Schöpferkraft und beharrlicher harter Arbeit, von Logik, Phantasie und Selbstlosigkeit – mit einem Wort, moralischer und intellektueller Tugenden, für welche man nur Bewunderung hegen kann. Aber es ist nun einmal auf dieser Welt so, daß niemand je etwas bekommt, ohne dafür zu bezahlen. Jene erstaunlichen und bewundernswerten Fortschritte mußten erkauft werden. Ja, sie müssen, wie die letztes Jahr gekaufte Waschmaschine, noch immer weiter bezahlt werden, und jede Rate ist höher als die vorhergehende. Viele Historiker, viele Soziologen und Psychologen haben ausführlich und mit großer Besorgnis über den Preis geschrieben, welchen die westliche Welt für den technischen Fortschritt zu zahlen hatte und weiter zahlen wird. Sie weisen zum Beispiel darauf hin, daß die Demokratie kaum in Gesellschaften blühen kann, in denen die politische und wirtschaftliche Macht immer mehr konzentriert und zentralisiert wird. Der Fortschritt der Technologie aber hat gerade zu dieser Konzentration und Zentralisierung der Macht geführt und führt auch weiterhin dazu. Je leistungsfähiger die Maschinerie der Massenproduktion gemacht wird, desto mehr neigt sie dazu, komplizierter und kostspieliger zu werden – und wird so dem beschränkt bemittelten Unternehmer immer weniger erreichbar. Überdies kann Massenproduktion nicht ohne Massendistribution funktionieren; aber Massendistribution wirft Probleme auf, welche nur von den größten Erzeugern befriedigend gelöst werden können. In einer Welt der Massenproduktion und der Massendistribution ist der »kleine Mann« mit seinem ungenügenden Umlaufvermögen sehr benachteiligt. Im Wettbewerb mit dem »großen Mann« verliert er sein Geld und schließlich seine bloße Existenz als unabhängiger Erzeuger; der »große Mann« hat ihn verschlungen. Während der »kleine Mann« verschwindet, wird immer mehr wirtschaftliche Macht von immer weniger und weniger Leuten ausgeübt. Unter einer Diktatur wird die Großindustrie, welche durch die weiterentwickelte Technologie und den durch sie bedingten Ruin der Kleinunternehmen ermöglicht wurde, vom Staat dirigiert – das heißt, von einer kleinen Gruppe von Parteiführern und den Soldaten, Polizisten und Beamten, welche deren Befehle ausführen. In einer kapitalistischen Demokratie wie den USA wird die Großindustrie von der Machtelite, wie Prof. C. Wright Mills sie genannt hat, dirigiert. Diese Machtelite beschäftigt unmittelbar mehrere Millionen des Arbeitsheeres des Landes in ihren Fabriken, Büros und Lagerhäusern, beherrscht noch mehr Millionen, indem sie ihnen Geld leiht, damit sie ihre Erzeugnisse kaufen, und beeinflußt, indem sie über die Medien der Massenkommunikation verfügt, die Gedanken, Gefühle und Handlungen so gut wie jedermanns. Um die Worte Winston Churchills zu parodieren: Noch nie sind so viele so stark von so wenigen manipuliert worden. Wir haben uns wahrhaftig weit entfernt von Jeffersons Ideal einer wirklich freien Gesellschaft, bestehend aus einer Stufenfolge sich selbst regierender Einheiten – »den elementaren Republiken der Wahlbezirke, den Grafschaftsrepubliken, den Staatenrepubliken und der Republik der Union, welche alle eine Hierarchie von Machthabern bilden«.

Wir sahen also, daß die moderne Technik zur Konzentration wirtschaftlicher und politischer Macht und zur Entwicklung einer Gesellschaft geführt hat, welche – rücksichtslos in den totalitären Staaten, höflich und unauffällig in den Demokratien – vom Großunternehmertum und der Großregierung beherrscht wird. Gesellschaften bestehen aber aus Einzelmenschen und sind nur insofern gut, als sie dem einzelnen helfen, seine Anlagen zu entfalten und ein glückliches und fruchtbares Leben zu führen. Welche Wirkung auf den Einzelmenschen hatten die technologischen Fortschritte der letzten Jahre? Hier die Antwort auf diese Frage, die ein Philosoph und Psychiater, Erich Fromm, gibt:

»Unsere zeitgenössische westliche Gesellschaft ist trotz ihres materiellen, intellektuellen und politischen Fortschritts der geistigen Gesundheit immer weniger förderlich und neigt dazu, die innere Sicherheit, das Glück, die Vernunft und Liebesfähigkeit des einzelnen zu untergraben; sie neigt dazu, ihn in einen Automaten zu verwandeln, welcher für sein Versagen als Mensch mit zunehmenden geistigen Erkrankungen und mit einer unter einem hektischen Trieb zu Arbeit und sogenanntem Vergnügen verborgenen Verzweiflung bezahlt.«

Unsere »zunehmenden geistigen Erkrankungen« können in neurotischen Symptomen Ausdruck finden. Diese Symptome sind auffällig und äußerst beunruhigend. Aber, »hüten wir uns davor«, sagt Erich Fromm, »geistige Hygiene als Verhütung der Symptome zu definieren. Symptome als solche sind nicht unsere Feinde, sondern unsere Freunde; wo sich Symptome zeigen, ist ein Konflikt vorhanden, und ein Konflikt zeigt stets an, daß die nach Ganzwerdung und Glück strebenden Lebenskräfte noch immer kämpfen.« Die wirklich hoffnungslosen Fälle geistiger Erkrankung sind unter den Menschen zu finden, die am normalsten zu sein scheinen. »Viele von ihnen sind normal, weil sie unserer Lebensweise so gut angepaßt sind und ihre menschliche Stimme schon so früh im Leben zum Schweigen gebracht wurde, daß sie sich nicht einmal wehren oder leiden oder Symptome wie die Neurotiker entwickeln.« Sie sind normal nicht im absoluten Sinn des Worts; sie sind normal nur in Beziehung auf eine zutiefst anormale Gesellschaft. Ihre vollkommene Anpassung an diese anormale Gesellschaft ist ein Maßstab für ihre geistige Erkrankung. Diese Millionen anormal normaler Menschen, die ohne Schwierigkeiten in einer Gesellschaft leben, welcher sie, wären sie menschliche Wesen, nicht angepaßt sein dürften, hegen noch immer »die Illusion der Individualität«. Tatsächlich aber sind sie in hohem Grad entindividualisiert worden. Ihre Konformität entwickelt sich zu einer gewissen Uniformität. Aber »Uniformität und Freiheit sind unvereinbar. Uniformität und geistige Gesundheit sind auch unvereinbar ... Der Mensch ist nicht geschaffen, ein Automat zu sein, und wenn er zu einem wird, ist die Basis der geistigen Gesundheit zerstört.«

Im Lauf der Evolution hat sich die Natur große Mühe gegeben, jedes Einzelwesen von jedem anderen verschieden zu gestalten. Wir pflanzen unsere Art fort, indem wir die Gene des Vaters mit denen der Mutter zusammenbringen. Diese Erbfaktoren können auf unendlich vielfältige Weise kombiniert sein. Körperlich und geistig ist jeder von uns einzigartig. Jede Kultur, die um der Leistungsfähigkeit willen oder im Namen eines politischen oder religiösen Dogmas den Einzelmenschen zu normen sucht, begeht einen Frevel an der biologischen Natur des Menschen.

Wissenschaft läßt sich als die Zurückführung der Vielfalt auf die Einheit definieren. Sie sucht die endlos verschiedenen Naturerscheinungen zu erklären, indem sie die Einzigartigkeit besonderer Ereignisse unbeachtet läßt und sich auf ihre Gemeinsamkeiten konzentriert, um schließlich irgendeine Art von »Gesetz« aus ihnen abzuleiten, das sie erklärt und ein sinnvolles Umgehen mit ihnen ermöglicht. Zum Beispiel fallen Äpfel vom Baum, und der Mond bewegt sich über den Himmel. Die Menschen haben diese Tatsachen seit unvordenklichen Zeiten beobachtet. Um mit

Gertrude Stein zu sprechen, waren sie überzeugt, ein Apfel sei ein Apfel sei ein Apfel, der Mond dagegen sei der Mond sei der Mond sei der Mond. Es blieb Isaac Newton überlassen, wahrzunehmen, was diese sehr unähnlichen Naturerscheinungen gemein haben, und eine Gravitationstheorie zu formulieren, nach welcher gewisse Aspekte des Verhaltens von Äpfeln, von Himmelskörpern, ja von allen anderen Körpern im physikalischen Universum sich in Begriffen eines einzigen Ideensystems erklären und behandeln ließen. Ebenso begreift der Künstler die unzähligen Verschiedenheiten und Einzigartigkeiten der Außenwelt und seiner eigenen Vorstellungswelt und gibt ihnen Sinn innerhalb eines geordneten Systems bildnerischer, literarischer oder musikalischer Komposition. Der Wunsch, einer Unordnung Ordnung aufzuerlegen, aus Disharmonie Harmonie und aus Vielheit Einheit zu gewinnen, ist eine Art intellektuellen Instinkts, ein primärer und grundlegender geistiger Drang. In der Wissenschaft, der Kunst und der Philosophie sind die Auswirkungen dieses »Willens zur Ordnung«, wie ich ihn nennen möchte, größtenteils von Vorteil. Allerdings hat der Wille zur Ordnung viele voreilige Synthesen hervorgebracht, welche auf unzulänglichen Ergebnissen fußten, viele absurde metaphysische und theologische Systeme, viel pedantisches Verkennen von Vorstellungen für Wirklichkeit, von Symbolen und Abstraktionen für unmittelbare Erfahrung. Aber diese Irrtümer, so bedauerlich sie sind, stiften nicht viel Schaden, jedenfalls nicht unmittelbar – wenngleich manchmal ein schlechtes philosophisches System mittelbar Schaden stiften kann, wenn es als Rechtfertigung für sinnlose und unmenschliche Handlungen gebraucht wird. Erst in der sozialen Sphäre und auf den Gebieten der Politik und Wirtschaft wird der Wille zur Ordnung wirklich gefährlich.

Da wird aus der theoretischen Zurückführung unhandlicher Vielfalt auf verständliche Einheit in der Praxis die Zurückführung der menschlichen Verschiedenheit auf untermenschliche Gleichheit, von Freiheit auf Sklaverei. In der Politik ist das Äquivalent einer gänzlich entwickelten wissenschaftlichen Theorie, eines gänzlich entwickelten philosophischen Systems die totalitäre Diktatur. In der Wirtschaft ist das Äquivalent eines schön komponierten Kunstwerks die reibungslos laufende Fabrik, in welcher die Arbeiter den Maschinen vollkommen angepaßt sind. Der Wille zur Ordnung kann Tyrannen aus denjenigen machen, die bloß danach streben, ein Durcheinander zu entwirren. Die Schönheit säuberlicher Ordnung wird zur Rechtfertigung für Despotismus.

Ordnung ist unentbehrlich; denn Freiheit entsteht nur und ist sinnvoll nur innerhalb einer sich selbst regelnden Gemeinschaft frei zusammenarbeitender Einzelmenschen. Doch kann Organisation, wenngleich unentbehrlich, auch verhängnisvoll sein. Zuviel Organisation verwandelt die Menschen in Automaten, erstickt den schöpferischen Geist und beseitigt sogar die Möglichkeit von Freiheit. Wie gewöhnlich liegt der einzig sichere Kurs in der Mitte, zwischen den Extremen des *Laissez-faire* einerseits und totaler Reglementierung andererseits.

Während der letzten hundert Jahre war die lange Folge technologischer Fortschritte von entsprechenden Fortschritten im Verwaltungswesen begleitet. Komplizierten Maschinen mußten komplizierte soziale Einrichtungen an die Seite gestellt werden, dazu bestimmt, so glatt und effizient zu funktionieren wie die neuen Produktionsmittel. Um in diese Gefüge zu passen, mußten die Individuen sich entindividualisieren, mußten sie ihre angeborene Verschiedenheit verleugnen und sich einer Norm angleichen, mußten sie sich aufs äußerste bemühen, Automaten zu werden. Die entmenschlichenden Wirkungen der Überorganisierung werden noch verstärkt durch die entmenschlichenden Wirkungen der Übervölkerung. Je mehr die Industrie sich ausdehnt, einen um so größeren Teil der stetig zunehmenden Bevölkerung zieht sie in die großen Städte. Das Leben in großen Städten aber ist geistiger Gesundheit nicht zuträglich (der höchste Anteil von Schizophrenie, so wurde festgestellt, ergibt sich unter den enggedrängten Einwohnern industrieller Elendsviertel); auch verhilft es nicht zu jener verantwortungsbewußten Freiheit innerhalb kleiner, sich selbst regierender Gruppen, die die erste Bedingung einer echten Demokratie ist. Das Stadtleben ist anonym und sozusagen abstrakt. Die Menschen stehen miteinander nicht als ganze Persönlichkeiten in Beziehung, sondern als Verkörperungen wirtschaftlicher Funktionen oder, außerhalb ihrer Arbeit, als verantwortungslose Vergnügungssuchende. Einem solchen Leben unterworfen, neigt der einzelne dazu, sich einsam und unbedeutend zu fühlen. Sein Dasein hört auf, irgendwelchen Sinn und Zweck zu haben.

Biologisch gesprochen, ist der Mensch ein mäßig geselliges, nicht ein völlig soziales Lebewesen – ein Geschöpf, das mehr einem Wolf, sagen wir, oder einem Elefanten ähnelt als einer Biene oder einer Ameise. In ihrer ursprünglichen Form hatten menschliche Gesellschaften keine Ähnlichkeit mit einem Bienenkorb oder einem Ameisenhaufen; sie waren bloß Rudel. Zivilisation ist unter anderem der Vorgang, durch den primitive Rudel zu einer den organischen Gemeinschaften sozialer Insekten – grob und mechanisch – entsprechenden Analogie umgeformt werden. Gegenwärtig beschleunigen der Druck der Übervölkerung und des technischen Fortschritts diesen Vorgang. Der Termitenstaat scheint ein realisierbares und in manchen Augen sogar erstrebenswertes Ideal geworden zu sein. Unnötig, zu sagen, daß dieses Ideal tatsächlich nie verwirklicht werden wird. Eine große Kluft trennt das soziale Insekt von dem nicht allzu geselligen, mit einem großen Gehirn ausgestatteten Säugetier; und auch wenn das Säugetier sein möglichstes täte, das Insekt nachzuahmen, die Kluft bliebe bestehen. So sehr sie sich auch bemühen, die Menschen können keinen sozialen Organismus schaffen, sondern nur eine Organisation. Bei dem Versuch, einen Organismus zu schaffen, werden sie bloß einen totalitären Despotismus zuwege bringen.

Schöne neue Welt bietet ein phantasievolles und einigermaßen zynisches Bild einer Gesellschaft, in welcher der Versuch, Menschen nach dem Ebenbild von Termiten zu erschaffen, fast bis an die Grenzen des Möglichen getrieben wurde. Daß wir auf die »schöne neue Welt« hingesteuert werden, ist offensichtlich. Nicht weniger offensichtlich aber ist es, daß wir, wenn wir wollen, uns weigern können, mit den geheimen Kräften, die uns antreiben, zusammenzuwirken. Gegenwärtig jedoch scheint der Wunsch, Widerstand zu leisten, nicht sehr stark oder sehr verbreitet zu sein. Wie William Whyte in seinem bemerkenswerten Buch *The Organization Man** gezeigt hat, tritt eine neue Sozialethik an die Stelle unseres traditionellen ethischen Systems – desjenigen Systems, in dem das Individuum vorrangig ist. Die Schlüsselwörter in dieser Sozialethik sind »Einordnung«, »Anpassung«, »sozialgerichtetes Verhalten«, »Zugehörigkeitsgefühl«, »Erwerbung sozialen Verhaltens«, »Teamwork«, »Gruppengleichgewicht«, »Gruppenloyalität«, »Gruppendynamik«, »Gruppendenken«, »gruppenschöpferisch«. Ihre grundlegende Annahme ist die, daß das soziale Ganze größeren Wert und größere Bedeutung hat als seine individuellen Teile; daß angeborene biologische Unterschiede kultureller Gleichförmigkeit geopfert werden müssen; daß die Rechte des Kollektivs den Vorrang haben vor dem, was das 18. Jahrhundert die Menschenrechte nannte. Gemäß dieser neuen Sozialethik hatte Jesus völlig unrecht mit der Behauptung, der Sabbat sei für den Menschen geschaffen worden. Im Gegenteil, der Mensch wurde für den Sabbat geschaffen und muß seine ererbten Idiosynkrasien opfern und vorgeben, der standardisierte Allerweltskumpan zu sein, den die Organisatoren von Gruppenaktivitäten als ihren Zwecken ideal geeignet erachten. Dieser ideale Mensch ist der Mann, der »dynamische Konformität« (ein köstlicher Ausdruck!) entwickelt, intensive Treue zur Gruppe, ein unermüdliches Verlangen,

* Deutsche Ausgabe: William H. Whyte jr., »Herr und Opfer der Organisation«, Econ Verlag, Düsseldorf 1958.

sich unterzuordnen, dazuzugehören. Und dieser ideale Mann muß eine ideale Frau haben, höchst gesellig, unendlich anpassungsfähig, und sie muß sich nicht nur damit abgefunden haben, daß ihres Mannes Treue an erster Stelle der Gemeinschaft gilt, sie muß dieser auch selbst treu sein. »Er für Gott allein«, wie Milton von Adam und Eva sagte, »sie für Gott in ihm.« Und in einer wichtigen Hinsicht ist das Eheweib des idealen Organisationsmannes beträchtlich schlimmer dran als unsere Großmutter. Ihr und Adam war es vom Herrn erlaubt, bei ihrem »jugendlichen Tändeln« völlig hemmungslos zu sein.

> Nicht wendet seinem schönen
> Gespons sich Adam ab, noch weigert Eva
> Mysterienriten ehelicher Liebe.

Heutzutage darf, wie ein Artikel in der *Harvard Business Review* ausführt, die Ehefrau des Mannes, der versucht, dem von der sozialen Ethik aufgestellten Ideal gerecht zu werden, »nicht zuviel von ihres Mannes Zeit und Interesse beanspruchen. Seiner ausschließlichen Konzentrierung auf seine berufliche Aufgabe wegen muß sogar seine sexuelle Betätigung auf einen zweiten Platz verwiesen werden«. Der Mönch legt Gelübde der Armut, des Gehorsams und der Keuschheit ab. Dem Organisationsmann ist es erlaubt, reich zu sein, aber er verspricht Gehorsam (»er nimmt Autorität ohne Groll hin, er blickt zu seinen Oberen auf« – *Mussolini ha sempre ragione*), und er muß bereit sein, zum größeren Ruhm der Organisation, die ihn beschäftigt, sogar den Freuden des Ehebetts zu entsagen.*

* Unter Mao Tse-tung sind aus diesen Ratschlägen zur Erreichung eines kapitalistischen Ideals höhere Gebote in Form von Verordnungen geworden. In den neuen Volksgemeinden Chinas wurde das Eheleben abgeschafft. Damit keine tiefere Zuneigung aufkomme, werden Ehemänner und Ehefrauen in gesonderten Baracken untergebracht, und nur jede zweite Samstagnacht dürfen sie (eine kurze Zeit, wie Prostituierte und ihre Kunden) beieinander liegen.

Es ist wert, hier vermerkt zu werden, daß in *1984* die Mitglieder der Partei gezwungen sind, einer Sexualethik von mehr als puritanischer Strenge zu entsprechen. In *Schöne neue Welt* hingegen ist allen erlaubt, ihren sexuellen Regungen ohne Hemmung oder Hindernis zu frönen. Die in Orwells Fabel beschriebene Gesellschaft ist eine dauernd im Kriegszustand befindliche, und das Ziel der Herrschenden ist erstens, selbstverständlich, die Macht um ihrer selbst willen auszuüben, und zweitens, ihre Untertanen in jenem Zustand beständiger Spannung zu halten, den ein Zustand beständigen Krieges von den Betroffenen erfordert. Indem sie gegen die Sexualität eifern, können die Bonzen die erforderliche Spannung in ihren Anhängern erhalten, und sie können gleichzeitig ihrer Machtgier auf eine sehr befriedigende Art frönen. Die in *Schöne neue Welt* beschriebene Gesellschaft dagegen ist ein Weltstaat, in welchem der Krieg abgeschafft wurde und wo es das oberste Ziel der Herrschenden ist, ihre Untertanen um jeden Preis daran zu hindern, Schwierigkeiten zu machen. Das erreichen sie unter anderem, indem sie einen (durch Abschaffung der Familie möglich gewordenen) Grad geschlechtlicher Freiheit legalisieren, welcher die »schöne neue Welt« gegen so gut wie jede Form destruktiver (oder schöpferischer) emotioneller Spannung sichert. In *1984* wird die Machtgier durch Zufügen von Schmerzen befriedigt; in *Schöne neue Welt* durch das Anordnen kaum weniger erniedrigender Lust.

Die landläufige soziale Ethik ist ganz offensichtlich bloß eine nachträgliche Rechtfertigung der weniger wünschenswerten Folgen der Überorganisierung. Sie stellt einen recht kläglichen Versuch dar, aus der Not eine Tugend zu machen und einen positiven Wert aus einer unerfreulichen Gegebenheit zu ziehen. Sie ist ein sehr unrealistisches und daher sehr gefährliches Moralsystem. Das soziale Ganze, dessen Wert, so wird angenommen, größer ist als der Gesamtwert aller seiner Teile, ist nicht ein Organismus in dem Sinn, in dem man sich ein Bienenvolk oder einen Termitenstaat als einen Organismus vorstellen kann. Es ist bloß eine Organisation, ein Stück sozialer Maschinerie. Werte aber kann es nur in Hinsicht auf das Leben und das Bewußtsein geben. Eine Organisation nun ist weder bewußt noch lebendig. Ihr Wert ist ein instrumentaler und derivativer. An sich ist sie nichts wert; sie ist nur gut in dem Ausmaß, in dem sie das Wohl der Individuen fördert, welche Teile des kollektiven Ganzen sind. Organisationen einen Vorrang vor Personen einzuräumen, heißt die Zwecke den Mitteln unterordnen. Was geschieht, wenn Zwecke den Mitteln untergeordnet werden, wurde deutlich von Hitler und Stalin dargetan. Unter des einen wie des anderen Schreckensherrschaft wurden individuelle Zwecke organisatorischen Mitteln untergeordnet durch eine Mischung aus Gewalttätigkeit und Propaganda, systematischem Terror und systematischem Manipulieren von Gehirnen. In den leistungsfähigeren Diktaturen von morgen wird es wahrscheinlich viel weniger Gewalttätigkeit geben als unter Hitler und Stalin. Die Untertanen des künftigen Diktators werden schmerzlos von einem Korps bestausgebildeter Sozialingenieure manipuliert werden. »Der Anreiz von Sozialkonstruktionen in unseren Tagen«, schreibt ein enthusiastischer Befürworter dieser neuen Wissenschaft, »gleicht dem Anreiz, den technische Konstruktionen vor fünfzig Jahren besaßen. War die erste Hälfte des 20. Jahrhunderts die Ära der technischen Ingenieure, so könnte seine zweite Hälfte durchaus die Ära der Sozialingenieure sein« – und das 21. Jahrhundert wird, vermute ich, die Ära der Weltaufsichtsräte, des wissenschaftlich begründeten Kastensystems und der »schönen neuen Welt« sein. Auf die Frage *Quis custodiet custodes?* – wer wird unsere Wächter überwachen, wer wird die Manipulierer manipulieren? –, ist die Antwort ein klares Verneinen dessen, daß sie irgendwelche Überwachung brauchen würden. Gewisse Doktoren der Soziologie scheinen den rührenden Glauben zu hegen, daß Doktoren der Soziologie nie durch Macht verdorben werden können. Wie Sir Galahads Stärke ist auch die ihre gleich der

Stärke von zehn Männern, weil ihr Herz rein ist – und ihr Herz ist rein, weil sie Wissenschaftler sind und sechstausend Stunden lang Sozialwissenschaften studiert haben. Leider aber ist höhere Bildung nicht unbedingt ein Garant höherer Tugend oder höherer politischer Weisheit. Und zu diesem ethisch und psychologisch begründeten Mißtrauen kommt noch ein Mißtrauen rein wissenschaftlichen Charakters. Können wir die Theorien gelten lassen, auf die die Sozialingenieure ihre Praxis gründen und in deren Begriffen sie ihre Manipulation menschlicher Wesen rechtfertigen? Zum Beispiel sagt uns Prof. Elton Mayo kategorisch: »Das Verlangen des Menschen, beständig seinen Mitmenschen als Arbeitsgenosse assoziiert zu sein, ist eine starke, wenn nicht die stärkste spezifisch menschliche Eigenschaft.« Dies ist, möchte ich sagen, offenkundig unwahr. Manche Menschen haben das von Mayo beschriebene Verlangen, andere aber nicht. Es ist eine Sache des Temperaments und der ererbten Konstitution. Jede soziale Organisation, die auf der Annahme gründet, daß »der Mensch« (wer immer »der Mensch« sein mag) sich wünsche, beständig seinen Mitmenschen assoziiert zu sein, wäre für viele individuelle Männer und Frauen ein Prokrustesbett. Nur das Abschneiden von Gliedmaßen oder die Streckfolter könnten sie ihm angepaßt machen.
Und wie romantisch irreführend sind die lyrischen Lobeshymnen auf das Mittelalter, mit welchen viele heutige Theoretiker sozialen Verhaltens ihre Werke schmücken! »Zu einer Zunft, einem Feudalgut oder einer Dorfgemeinschaft zu gehören, beschützte den Menschen des Mittelalters während seines ganzen Lebens und gab ihm Frieden und Heiterkeit.« Beschützte ihn wovor? dürfen wir wohl fragen. Gewiß nicht vor rücksichtsloser Ausbeutung durch seine Höheren. Und Hand in Hand mit all diesem »Frieden«, dieser »Heiterkeit« gab es während des ganzen Mittelalters ungeheuer viel chronische Frustration und akutes Unglück und einen leidenschaftlichen Groll gegen das starre hierarchische System, das keine vertikale Bewegung auf

der sozialen Leiter erlaubte und für diejenigen, die an die Scholle gebunden waren, sehr wenig horizontale Bewegung im Raum zuließ. Die unpersönlichen Kräfte der Übervölkerung und Überorganisierung und die Sozialingenieure, welche versuchen, diese Kräfte zu lenken, drängen uns einem neuen mittelalterlichen Regime zu. Dieses erneute Regime wird annehmbarer sein als das ursprüngliche durch solche Annehmlichkeiten aus der »schönen neuen Welt« wie Kinderkonditionierung und Hypnopädie und durch Drogen hervorgerufene Euphorie; für die Mehrzahl der Menschen aber wird es noch immer eine Art von Sklaverei sein.

PROPAGANDA IN EINER DEMOKRATIE

»Die Lehren Europas«, schrieb Jefferson, »besagten, daß die Menschen in vielzähligen Gemeinschaften nicht in den Grenzen von Ordnung und Gerechtigkeit gehalten werden können, es sei denn durch physische und moralische Gewalt, von Behörden über sie ausgeübt, welche von ihrem Willen unabhängig sind ... Wir (die Gründer der neuen amerikanischen Demokratie) glauben, daß der Mensch ein vernunftbegabtes Wesen ist, von der Natur mit Rechten und mit einem angeborenen Sinn für Gerechtigkeit ausgestattet, und daß er vom Übeltun zurückgehalten und in seinen Rechten geschützt werden kann durch maßvolle, Personen seiner eigenen Wahl anvertraute Macht, welche Personen durch Abhängigkeit von seinem Willen zu ihrer Pflicht angehalten werden.« Nach-Freudischen Ohren klingt diese Sprache rührend kurios und naiv. Die Menschen sind ein gut Teil weniger vernünftig und von Natur aus gerecht, als die Optimisten des 18. Jahrhunderts annahmen. Andererseits sind sie weder so moralisch blind noch so hoffnungslos unvernünftig, wie die Pessimisten des 20. Jahrhunderts uns glauben machen möchten. Trotz Es und

Unterbewußtsein, trotz endemischen Neurosen und dem Vorherrschen eines niedrigen Intelligenzquotienten sind die meisten Menschen wahrscheinlich hinreichend normal und vernünftig, um mit der Lenkung ihrer eigenen Geschicke betraut werden zu können.

Demokratische Einrichtungen dienen dazu, die Gesellschaftsordnung mit der Freiheit und dem Tatendrang des einzelnen zu vereinbaren und die den Herrschenden eines Landes übertragene Macht dem Veto der Beherrschten unterzuordnen. Daß in Westeuropa und den USA diese Einrichtungen sich, alles in allem genommen, nicht gar so schlecht bewährt haben, beweist bereits, daß die Optimisten des 18. Jahrhunderts nicht ganz unrecht hatten. Wenn den Menschen freie Hand gelassen wird, können sie sich selbst regieren, und dies besser, wenngleich vielleicht mit geringerer mechanischer Tüchtigkeit, als sie von »Behörden, welche von ihrem Willen unabhängig sind«, regiert werden können. Wenn ihnen freie Hand gelassen wird, wiederhole ich; denn das ist eine unentbehrliche Voraussetzung. Von keinem Volk, das aus einem Zustand der Unterwürfigkeit einem Despoten gegenüber jählings in den völlig unvertrauten Zustand politischer Unabhängigkeit gelangt, läßt sich behaupten, daß es in einer günstigen Position sei, um demokratische Einrichtungen zustande zu bringen. Und kein Volk in einer gefährdeten wirtschaftlichen Lage ist in einer günstigen Position, um sich selbst demokratisch regieren zu können. Der Liberalismus blüht in einem Klima des Wohlstands und welkt, je mehr dessen Verminderung die Regierung zwingt, immer häufiger und drastischer in die Angelegenheiten ihrer Untertanen einzugreifen. Übervölkerung und Überorganisierung sind, wie ich bereits ausgeführt habe, zwei Umstände, welche eine Gesellschaft jeder Möglichkeit berauben, demokratische Einrichtungen sinnvoll einzubringen. Wir sehen also, daß es gewisse geschichtliche, ökonomische, demographische und technologische Umstände gibt, welche es Jeffersons vernunftbegabten Wesen, von der Natur mit unveräußerlichen Rechten und einem angeborenen Gerechtigkeitssinn ausgestattet, sehr schwer machen, innerhalb einer demokratisch organisierten Gesellschaft ihre Vernunft zu gebrauchen, ihre Rechte zu fordern und gerecht zu handeln. Hier im Westen hat das Glück uns erlaubt, das große Experiment der Selbstregierung machen zu können. Leider sieht es nun so aus, als würde uns durch die jüngsten Veränderungen in unseren Umständen diese unendlich kostbare Möglichkeit stückchenweise genommen. Und das ist natürlich noch nicht alles. Diese geheimen, unpersönlichen Kräfte sind nicht die einzigen Feinde individueller Freiheit und demokratischer Einrichtungen. Es gibt auch Kräfte von anderer, weniger abstrakter Art, Kräfte, welche willentlich von machtgierigen Individuen genutzt werden können, deren Ziel es ist, ihre Mitmenschen teilweise oder völlig zu beherrschen. Vor fünfzig Jahren, als ich ein Knabe war, schien es völlig selbstverständlich zu sein, daß die schlimmen alten Zeiten vorbei waren, daß Folter und Massenschlächterei, Sklaverei und Ketzerverfolgung der Vergangenheit angehörten. Unter Leuten, welche Zylinderhüte trugen, in Eisenbahnzügen reisten und jeden Morgen ein Bad nahmen, kamen solche Greuel einfach gar nicht in Frage. Wir lebten schließlich im 20. Jahrhundert. Ein paar Jahre später begingen diese Leute, die täglich ein Bad nahmen und im Zylinderhut zur Kirche gingen, Grausamkeiten einer Größenordnung, die sich die primitiven Völker Afrikas und Asiens nie hätten träumen lassen. Angesichts der jüngsten Geschichte wäre es töricht, anzunehmen, daß so etwas nicht wieder geschehen könnte. Es kann geschehen und wird zweifellos wieder geschehen. Aber man darf mit einiger Berechtigung annehmen, daß in der unmittelbaren Zukunft die Strafmethoden von *1984* den Verstärkungen und Manipulationen der »schönen neuen Welt« weichen werden.

Es gibt zwei Arten von Propaganda – rationale Propaganda für Handlungen, welche mit dem aufgeklärten Egoismus derjenigen, die sie machen, und derjenigen, an die sie gerichtet ist, übereinstimmen, und nicht rationale Propaganda, welche mit niemands aufgeklärtem Egoismus übereinstimmt, sondern von Leidenschaften, blinden Regungen, unbewußten Begierden oder Befürchtungen diktiert ist und sich an eben diese wendet. Wo die Handlungen von Individuen betroffen sind, gibt es höhere Beweggründe als aufgeklärten Egoismus. Wo aber auf den Gebieten der Politik und Wirtschaft kollektiv gehandelt werden muß, ist aufgeklärter Egoismus wahrscheinlich der nachdrücklichste Beweggrund. Wenn Politiker und ihre Wähler immer so handelten, daß sie auf lange Sicht ihre oder ihres Landes Interessen förderten, wäre unsere Welt das Paradies auf Erden. Tatsächlich aber handeln sie oft entgegen ihren eigenen Interessen, bloß um wenig rühmlichen Leidenschaften zu frönen; folglich ist die Welt eine Stätte des Elends. Propaganda für solches Handeln, das aufgeklärtem Egoismus entspricht, wendet sich an die Vernunft über logische Argumente, welche auf das beste verfügbare, voll und ehrlich dargelegte Beweismaterial gegründet sind. Propaganda für solche Handlungen, die von niedrigeren Impulsen als aufgeklärtem Egoismus diktiert sind, bietet falsches, verfälschtes oder unvollständiges Beweismaterial, meidet logische Argumente und sucht ihre Opfer durch bloße Wiederholung von Schlagworten zu beeinflussen, durch wütende Anprangerung fremder oder heimischer Sündenböcke und durch listige Verquickung der niedrigsten Leidenschaften mit den höchsten Idealen, so daß Greuel im Namen Gottes verübt werden und die zynischste *Realpolitik* zu einer Sache religiöser Grundsätze und patriotischer Pflicht wird.

Mit John Deweys Worten: »Eine Erneuerung des Glaubens an die gemeinsame menschliche Natur und ihre Möglichkeiten im allgemeinen und an ihre Fähigkeit, für Vernunft und Wahrheit empfänglich zu sein im besonderen, ist ein sichereres Bollwerk gegen Totalitarismus als eine Zurschaustellung materiellen Erfolgs oder eine devote Verehrung besonderer rechtlicher oder politischer Formeln.«

Die Fähigkeit, für Vernunft und Wahrheit empfänglich zu sein, ist in uns allen vorhanden. Vorhanden ist aber leider auch der Hang, für Unvernunft und Unwahrheit empfänglich zu sein – besonders in denjenigen Fällen, in denen die Unwahrheit ein Lustgefühl hervorruft, oder der Appell an die Unvernunft eine antwortende Saite in den primitiven, inhumanen Tiefen unseres Wesens zum Erklingen bringt. In manchen Tätigkeitsbereichen haben die Menschen es gelernt, Vernunft und Wahrheit ganz und gar zu akzeptieren. Die Verfasser gelehrter Abhandlungen appellieren nicht an die Leidenschaften ihrer wissenschaftlichen und technologischen Kollegen. Sie legen dar, was, nach ihrem besten Wissen, die Wahrheit über irgendeinen bestimmten Aspekt der Wirklichkeit ist, sie verwenden die Vernunft zur Erklärung der von ihnen beobachteten Tatsachen, und sie stützen ihre Ansicht durch Argumente, welche sich an die Vernunft in anderen Menschen wenden. Das alles ist ziemlich einfach auf den Gebieten der Physik und Technik. Auf den Gebieten der Politik, der Religion und der Ethik dagegen ist dies weitaus schwieriger. Hier entziehen sich uns oft die relevanten Fakten. Was deren Ausdeutung betrifft, so hängt sie selbstverständlich von dem jeweiligen gedanklichen System ab, innerhalb dessen wir sie vornehmen. Und das sind nicht die einzigen Schwierigkeiten, denen sich der vernünftige Wahrheitssuchende gegenübersieht. Im öffentlichen wie im privaten Leben geschieht es oft, daß man einfach keine Zeit hat, die relevanten Fakten zu sammeln oder ihre Bedeutung zu erwägen. Wir sind gezwungen, nach ungenügendem Tatsachenmaterial zu handeln, und bei einem beträchtlich weniger beständigen Licht als dem der Logik. Auch mit dem besten Willen können wir nicht immer völlig wahrheitsgetreu oder konsequent vernünftig sein. In unserer Macht liegt es nur, so wahrheitsgetreu und vernünftig zu sein, wie die Umstände es erlauben, und so gut wir können, auf die begrenzte Wahrheit und die unvollständigen Vernunftgründe zu reagieren, die uns von anderen zur Erwägung angeboten werden.

»Wenn eine Nation erwartet, unwissend und frei zu sein«, sagte Jefferson, »erwartet sie, was nie war und nie sein wird ... Das Volk kann nicht in Sicherheit sein ohne Information. Wo die Presse frei ist und jedermann lesen kann, ist alles in Sicherheit.« Diesseits des Atlantik dachte ein anderer, leidenschaftlich an die Vernunft glaubender Mann um dieselbe Zeit in fast genau denselben Begriffen. Hier folgt, was John Stuart Mill über seinen Vater, den utilitaristischen Philosophen James Mill, schrieb: »So völlig verließ er sich auf den Einfluß der Vernunft auf den menschlichen Geist, wann immer sie diesen zu erreichen vermochte, daß er die Meinung hatte, es wäre schon alles gewonnen, wenn die ganze Bevölkerung lesen könnte und jede Art von Meinung mündlich oder schriftlich an sie gerichtet werden dürfte und sie mittels des Wahlrechts eine gesetzgebende Körperschaft ernennen könnte, damit diese den Meinungen, die die Bevölkerung sich zu eigen gemacht haben würde, Nachdruck verleihe.« *Alles ist in Sicherheit, alles wäre gewonnen!* Abermals hören wir den optimistischen Ton des 18. Jahrhunderts. Jefferson allerdings war ebenso Realist wie Optimist. Er wußte aus bitterer Erfahrung, daß die Pressefreiheit schändlich mißbraucht werden kann. »Nichts«, erklärte er, »kann heute geglaubt werden, was in einer Zeitung zu lesen ist.« Und doch beharrte er darauf (und wir können ihm nur beistimmen), daß »innerhalb des Bereiches der Wahrheit die Presse eine edle Einrichtung (ist), gleichermaßen der Freund der Wissenschaft und der bürgerlichen Freiheiten«. Massenkommunikation ist, kurz gesagt, weder gut noch böse; sie ist einfach eine Macht und kann wie jede andere Macht entweder zum Guten oder zum Bösen gebraucht werden. Auf die eine Art gebraucht, sind Presse, Rundfunk und Kino unentbehrlich für das Fortbestehen der Demokratie. Auf eine andere Art gebraucht, gehören sie zu den mächtigsten Waffen im Arsenal der Diktatoren. Auf dem Gebiet der Massenkommunikation wie auf fast jedem anderen des Unternehmertums hat der technische Fortschritt dem »kleinen Mann« geschadet und dem »großen Mann« genützt. Noch vor fünfzig Jahren konnte sich jedes demokratische Land einer großen Zahl kleiner Zeitungen und Lokalblätter rühmen. Tausende von Provinzredakteuren gaben Tausenden von unabhängigen Meinungen Ausdruck. So oder so konnte fast jedermann fast alles drucken lassen. Heutzutage ist die Presse noch immer gesetzmäßig frei, aber die meisten der kleinen Zeitungen sind verschwunden. Der Preis des Rotationspapiers, der modernen Druckerpressen und der von Agenturen vertriebenen Nachrichten ist zu hoch für den kleinen Mann. Im totalitären Osten besteht eine politische Zensur, und die Organe der Massenmedien werden vom Staat gelenkt. Im demokratischen Westen besteht eine wirtschaftliche Zensur, und die Organe der Massenmedien werden von Mitgliedern der Machtelite gelenkt. Gegen Zensur durch steigende Kosten und gegen die Konzentration der Macht über die Medien in den Händen weniger Großkonzerne ist weniger einzuwenden als gegen Verstaatlichung und Regierungspropaganda; aber gewiß sind sie nichts, was ein jeffersonscher Demokrat billigen könnte.

Hinsichtlich der Propaganda sahen die frühen Vorkämpfer allgemeiner Alphabetisierung und einer freien Presse nur zwei Möglichkeiten voraus: Die Propaganda könnte wahr sein, oder sie könnte falsch sein. Sie sahen nicht voraus, was tatsächlich, und vor allem in den westlichen, kapitalistischen Demokratien, geschehen ist – die Entwicklung einer riesigen Industrie der Massenkommunikation, welche sich der Hauptsache nach weder mit dem Wahren noch dem Falschen befaßt, sondern mit dem Unwirklichen, dem mehr oder weniger Belanglosen. Mit einem Wort, sie unterließen es, die fast unbegrenzte Zerstreuungssucht der Menschen zu berücksichtigen.

In der Vergangenheit ergab sich für die meisten Menschen nie eine Gelegenheit, diese Sucht völlig zu stillen. Sie mochten nach Zerstreuungen lechzen, aber die Zerstreuungen wurden ihnen nicht geboten. Weihnacht gabs im Jahr nur eine, Feste waren »feierlich und rar«, es gab wenige

Leser und sehr wenig zu lesen, und am nächsten kam dem Kino an der Straßenecke die Pfarrkirche, wo die Vorstellungen zwar häufig, aber einigermaßen eintönig waren. Wenn wir Zustände finden wollen, welche sich auch nur entfernt den heutigen vergleichen lassen, müssen wir ins kaiserliche Rom zurückgehen, wo die Plebs bei guter Laune gehalten wurde durch vielerlei, häufig verabreichte unentgeltliche Zerstreuungen – von poetischen Dramen bis zu Gladiatorenspielen, von Rezitationen Vergils bis zu Boxkämpfen, von Konzerten bis zu militärischen Paraden und öffentlichen Hinrichtungen. Aber nicht einmal in Rom gab es etwas der ununterbrochenen Zerstreuung Vergleichbares, die heute von Zeitungen und Magazinen, vom Rundfunk, vom Fernsehen und vom Kino geboten wird. In *Schöne neue Welt* werden ununterbrochene Zerstreuungen der faszinierendsten Art (Fühlfilme, Rutschiputschi, Zentrifugalbrummball) als Werkzeuge der Politik verwendet, um die Leute davon abzuhalten, den realen Gegebenheiten der sozialen und politischen Lage zuviel Aufmerksamkeit zu schenken. Die Jenseitswelt der Religion ist verschieden von der Jenseitswelt der Unterhaltung; aber sie ähneln einander darin, daß sie ganz entschieden »nicht von dieser Welt« sind. Beide sind sie Ablenkung, und wenn man zu beständig in ihnen lebt, können beide, wie Marx es ausdrückte, »Opium für das Volk« werden, und somit zu einer Bedrohung der Freiheit. Nur die Wachsamen können sich ihre Freiheiten bewahren, und nur diejenigen, die beständig und verständig zur Stelle sind, können hoffen, sich durch demokratische Maßnahmen wirklich selbst zu regieren. Einer Gesellschaft, deren meiste Angehörige einen großen Teil ihrer Zeit nicht an Ort und Stelle verbringen, nicht hier und heute und in der errechenbaren Zukunft, sondern irgendwo anders, in den belanglosen Jenseitswelten des Sports und der Musicals, der Mythologie und metaphysischen Phantasie, wird es schwer fallen, den Eingriffen derjenigen zu widerstehen, die diese Gesellschaft manipulieren und gängeln wollen.

In ihrer Propaganda verlassen sich die heutigen Diktatoren größtenteils aufs Wiederholen, Verschweigen und Rationalisieren – das Wiederholen von Schlagworten, welche sie als wahr hingenommen, das Verschweigen von Tatsachen, welche sie unbeachtet gelassen sehen wollen, das Erwecken und Rationalisieren von Leidenschaften, welche zum Nutzen der Partei oder des Staates verwendet werden können. Sobald man sich auf die Kunst und Wissenschaft der Manipulation besser verstehen wird, werden die Diktatoren der Zukunft zweifellos lernen, diese Methoden mit den unaufhörlichen Zerstreuungen zu kombinieren, die im Westen inzwischen in einem Meer von Belanglosigkeit alles zu ertränken drohen, was als rationale Propaganda für die Bewahrung individueller Freiheit und für das Bestehen demokratischer Einrichtungen unentbehrlich ist.

PROPAGANDA UNTER EINER DIKTATUR

Im Lauf der Nürnberger Prozesse hielt Hitlers Rüstungsminister, Albert Speer, eine lange Rede, in der er mit bemerkenswertem Scharfsinn die nationalsozialistische Tyrannei beschrieb und ihre Methoden analysierte. »Die Diktatur Hitlers unterschied sich in einem grundsätzlichen Punkt von allen geschichtlichen Vorgängen. Sie war die erste Diktatur in dieser Zeit moderner Technik, eine Diktatur, die sich zur Beherrschung des eigenen Volkes der technischen Mittel in vollkommener Weise bediente. Durch die Mittel der Technik, wie Rundfunk und Lautsprecher, wurde achtzig Millionen Menschen das selbständige Denken genommen; sie konnten dadurch dem Willen eines einzelnen hörig gemacht werden ...

Frühere Diktaturen benötigten selbst in den geringsten Funktionen höchstqualifizierte Mitarbeiter, Männer, die selbständig denken und handeln konnten. Das autoritäre System im Zeitalter der Technik kann hierauf verzichten.

Schon allein die neuzeitlichen Kommunikationswege befähigen es, die Arbeit der unteren Führung zu mechanisieren. Als Folge dessen entsteht der neue Typ des kritiklosen Befehlsempfängers.«

In der »schönen neuen Welt« meiner prophetischen Fabel war die Technik weit über den Punkt hinaus fortgeschritten, den sie zu Hitlers Zeiten erreicht hatte; daher waren die Befehlsempfänger viel weniger kritisch als ihre nationalsozialistischen Gegenstücke und viel folgsamer gegenüber der Befehle erteilenden Elite. Überdies waren sie für die Erfüllung ihrer untergeordneten Funktionen genetisch genormt und postnatal konditioniert worden, und man konnte sich daher darauf verlassen, daß sie sich fast so vorhersagbar wie Maschinen verhalten würden. Wie wir in einem späteren Kapitel sehen werden, geht dieses Konditionieren, das Bedingen der Reflexe »der unteren Führung« unter den kommunistischen Diktaturen bereits vor sich. Die Chinesen und die Russen verlassen sich nicht bloß auf die mittelbaren Auswirkungen der fortschrittlichen Technik; sie arbeiten unmittelbar an den psycho-physischen Organismen ihrer unteren Führung und unterwerfen Geist und Körper einem System rücksichtslosen und allen Berichten nach höchst wirksamen Konditionierens. »Der Alptraum vieler Menschen«, sagte Speer, »daß einmal die Völker durch die Technik beherrscht werden könnten, er war im autoritären System Hitlers nahezu verwirklicht.« Nahezu, aber nicht ganz. Die Nationalsozialisten hatten nicht die Zeit – und hatten vielleicht nicht die nötige Intelligenz und die nötigen Kenntnisse –, ihre untere Führerschaft der Gehirnwäsche und der Konditionierung zu unterziehen. Das ist vielleicht einer der Gründe, daß sie versagten.

Seit Hitlers Tagen ist das Arsenal technischer Behelfe, welches dem Möchtegern-Diktator zur Verfügung steht, beträchtlich erweitert worden. Neben dem Rundfunk, dem Lautsprecher, der Filmkamera und der Rotationspresse kann der heutige Propagandist vom Fernsehen Gebrauch machen, um auch das Bild, nicht nur die Stimme seines Klienten zu verbreiten, und kann sowohl Bild als auch Stimme auf Band aufnehmen. Dank des technischen Fortschritts kann der »große Bruder« nun fast so allgegenwärtig sein wie Gott. Und nicht nur in technischer Hinsicht ist dem Möchtegern-Diktator der Arm gestärkt worden. Seit Hitlers Tagen ist sehr viel auf denjenigen Gebieten der angewandten Psychologie und Neurologie getan worden, die das besondere Betätigungsfeld des Propagandisten, des Ideologieneinpaukers und des Gehirnwäschers sind. In der Vergangenheit waren diese Spezialisten in der Kunst, das Denken von Leuten zu beeinflussen, bloße Empiriker. Durch eine Methode von Versuch und Irrtum hatten sie Techniken und Verfahren ausgearbeitet, welche sie sehr wirksam anwendeten, ohne jedoch genau zu wissen, warum sie wirksam waren. Heute ist die Kunst des Gedankenbeherrschens auf dem besten Weg, eine Wissenschaft zu werden. Die Praktiker dieser Wissenschaft wissen, was sie tun und warum sie es tun. Sie werden bei ihrer Arbeit von Theorien und Hypothesen geleitet, welche fest auf einer soliden Grundlage experimentellen Materials ruhen. Dank der neuen Einsichten und der durch diese ermöglichten Verfahren wird der Alptraum, der »in Hitlers autoritärem System nahezu verwirklicht« wurde, bald völlig realisierbar sein.

Bevor wir aber diese neuen Einsichten und Verfahren erörtern, wollen wir einen Blick auf den Alptraum werfen, der im nationalsozialistischen Deutschland der Verwirklichung so nahekam. Welches waren die Methoden, die Hitler und Goebbels anwendeten, um »achtzig Millionen Menschen das selbständige Denken zu nehmen und sie dem Willen eines einzelnen hörig zu machen«? Und welches war die Theorie der menschlichen Natur, auf der diese erschreckend erfolgreichen Methoden gründeten? Diese Fragen lassen sich größtenteils mit Hitlers eigenen Worten beantworten; und was für bemerkenswert klare und kluge Worte sind das! Wenn er über so große Abstraktionen wie Rasse und

Geschichte und Vorsehung schreibt, ist Hitler einfach unlesbar. Wenn er aber über die Masse der Deutschen schreibt und über die Methoden, die er anwendete, um sie zu beherrschen und zu lenken, dann ändert sich sein Stil. Unsinn weicht dem Sinn, Bombast einer hartgesottenen und zynischen Klarheit. In seinen philosophischen Ergüssen erging sich Hitler entweder in wolkigen Tagträumen, oder er gab halbgare Ideen anderer wieder. In seinen Bemerkungen über Volksmassen und Propaganda schrieb er über Dinge, welche er aus eigener Erfahrung kannte. Wie sein fähigster Biograph, Alan Bullock, sagt, war »Hitler der größte Demagoge der Geschichte«. Diejenigen, die hinzufügen, »nur ein Demagoge«, verstehen es nicht, das Wesen politischer Macht in einem Zeitalter der Massenpolitik richtig einzuschätzen. Wie Hitler selbst sagte: »Führen heißt: Massen bewegen können.« Hitlers Ziel war es, zuerst die Massen in Bewegung zu bringen und dann, nachdem er sie ihren traditionellen Anhänglichkeiten und moralischen Begriffen entfremdet hatte, ihnen (unter der hypnotisierten Zustimmung der Mehrheit) eine neue, autoritäre Ordnung, welche er selbst entworfen hatte, aufzuzwingen. Hitler, schrieb Hermann Rauschning 1939, hege großen Respekt vor der katholischen Kirche und dem Jesuitenorden; nicht wegen ihrer christlichen Lehre, sondern wegen der »Maschinerie«, die sie ausarbeiteten und lenkten, wegen ihres hierarchischen Systems, ihrer äußerst klugen Taktik, ihrer Kenntnis der Menschennatur und ihres weisen Nutzens menschlicher Schwächen zum Beherrschen der Gläubigen. – Kirchlichkeit ohne Christentum, die Disziplin einer mönchischen Regel nicht um Gottes willen, nicht um persönliches Seelenheil zu erlangen, sondern um des Staates willen und zum größeren Ruhm und zur größeren Macht des zum Führer gewordenen Demagogen – dies war das Ziel, zu dem das systematische Bewegen der Massen führen sollte.

Sehen wir einmal, wie Hitler über die Massen, die er in Bewegung brachte, dachte, und wie er diese Bewegung be-

wirkte. Der erste Grundsatz, von dem er ausging, war ein Werturteil: Die Massen seien völlig verachtenswert. Sie seien unfähig, abstrakt zu denken, und interessierten sich nicht für irgendeine Tatsache außerhalb des Kreises ihrer eigenen Erfahrung. Ihr Verhalten werde nicht durch Wissen und Vernunft bestimmt, sondern durch Gefühle und unbewußte Triebe. »Diese Triebe und Gefühle sind es, in die die Wurzeln ihrer positiven ebenso wie ihrer negativen Handlungen eingesenkt sind.« Um Erfolg zu haben, müsse ein Propagandist lernen, wie er diese Instinkte und Gefühle zu manipulieren habe. »Die Triebkraft zu den gewaltigsten Umwälzungen auf dieser Erde lag zu allen Zeiten weniger in einer die Masse beherrschenden wissenschaftlichen Erkenntnis als in einem sie beseelenden Fanatismus und manchmal in einer sie vorwärtsjagenden Hysterie. Wer die breite Masse gewinnen will, muß den Schlüssel kennen, der das Tor zu ihrem Herzen öffnet.« Nach-Freudianisch ausgedrückt, zu ihrem Unterbewußtsein.
Hitler wirkte am stärksten auf diejenigen Angehörigen des unteren Mittelstandes, die durch die Inflation von 1923 und dann nochmals durch die Wirtschaftskrise von 1929 und der folgenden Jahre ruiniert worden waren. »Die Massen«, von denen er spricht, waren diese verwirrten, frustrierten und chronisch ängstlichen Millionen. Um sie noch mehr massengleich, noch einheitlicher untermenschlich zu machen, versammelte er sie zu Tausenden und Abertausenden in riesigen Sälen und Sportstadien, wo die Individuen ihre persönliche Identität, ja sogar ihr elementares Menschentum verlieren und mit der Masse verschmelzen konnten. Ein Mensch kann auf zweierlei Weise mit der Gesellschaft in unmittelbare Berührung kommen: Als Angehöriger einer Familie, einer religiösen Gruppe, eines Berufs oder aber als Angehöriger einer Menschenmenge. Gruppen können so moralisch und intelligent sein wie die Individuen, aus denen sie bestehen; eine Menschenmenge ist chaotisch, hat kein eigenes Ziel und ist zu allem fähig, ausgenommen zu intelligentem Handeln und

realistischem Denken. Zu einer Menge versammelt, verlieren Menschen die Fähigkeit, vernünftig zu denken und eine moralische Entscheidung zu treffen. Ihre Beeinflußbarkeit wird bis zu dem Punkt gesteigert, wo sie aufhören, irgendein eigenes Urteil oder einen eigenen Willen zu haben. Sie werden sehr erregbar, sie verlieren jedes Gefühl individueller oder kollektiver Verantwortlichkeit, sie sind plötzlichen Anfällen von Wut, Begeisterung und Panik unterworfen. Mit einem Wort, ein Mensch in einer Menge benimmt sich, als hätte er eine große Dosis eines starken Rauschmittels geschluckt. Er ist das Opfer dessen, was ich »Herdenvergiftung« genannt habe. Gleich Alkohol ist Herdengift eine aktiv extravertierende Droge. Das massenberauschte Individuum entweicht seiner Verantwortlichkeit, Intelligenz und Sittlichkeit in eine Art rasender, animalischer Geistlosigkeit.

Während seiner langen Laufbahn als Agitator hatte Hitler die Wirkungen des Herdengifts studiert und gelernt, sie für seine eigenen Zwecke zu nutzen. Er hatte entdeckt, daß der Redner sich viel wirkungsvoller als der Schriftsteller an die »geheimen Kräfte« wenden kann, die für die Handlungen der Menschen die eigentlichen Beweggründe sind. Lesen ist eine private, keine kollektive Tätigkeit. Der Schriftsteller spricht nur zu Individuen, welche sich für sich allein in einem Zustand normaler Nüchternheit befinden. Der Redner spricht zu Massen von Individuen, welche bereits gut mit Herdengift präpariert sind. Sie sind ihm ausgeliefert, und wenn er seine Sache versteht, kann er mit ihnen tun, was er will. Als Redner verstand sich Hitler ausgesprochen gut auf seine Sache. Er war, wie er selbst sagt, imstande, »sich von der breiten Masse immer so tragen zu lassen, daß ihm daraus gefühlsmäßig gerade die Worte flüssig wurden, die er brauchte, um seinen jeweiligen Zuhörern zu Herzen zu sprechen«. Otto Strasser nannte ihn einen Lautsprecher, der die geheimen Wünsche, die unzulässigsten Instinkte, die Leiden und persönlichen Rebellionen einer ganzen Nation ausrufe. Zwanzig Jahre bevor die großen Werbeagenturen sich auf »Motivationsforschung« verlegten, erforschte Hitler systematisch die geheimen Befürchtungen und Hoffnungen, die Begierden, Ängste und Frustrationen der deutschen Massen und beutete sie aus. Gerade durch das Manipulieren »geheimer Kräfte« bewegen uns die Werbefachleute, ihnen ihre Waren abzunehmen – eine Zahnpasta, eine bestimmte Zigarrenmarke, einen politischen Kandidaten. Und dadurch, daß er sich an dieselben geheimen Kräfte wandte – und an andere, zu gefährliche, als daß sich die Verkaufspsychologen an sie wenden würden –, bewog Hitler die deutschen Massen, sich einen Führer, eine wahnwitzige Philosophie und den Zweiten Weltkrieg zu kaufen.

Anders als die Massen, haben Intellektuelle eine Vorliebe für Vernunft und ein Interesse an Tatsachen. Ihre kritischen Denkgewohnheiten machen sie widerstandsfähig gegen die Art von Propaganda, die so sicher auf die Mehrheit wirkt. Bei der breiten Masse, schrieb Hitler, stehe der Instinkt an oberster Stelle, und aus dem Instinkt komme der Glaube ... Während das gesunde, einfache Volk sich zusammenschließe, um eine Volksgemeinschaft zu bilden (unter einem Führer, versteht sich!), liefen die Intellektuellen hin und her wie Hennen in einem Hühnerhof. Mit ihnen könne man nicht Geschichte machen; sie ließen sich nicht als Elemente zur Bildung einer Gemeinschaft verwenden. – Intellektuelle sind Leute, die Beweise verlangen und entsetzt sind ob logischer Inkonsequenzen und Täuschungen. Sie halten zu große Vereinfachung für die Erbsünde des Geistes und haben nichts übrig für Slogans, unbestimmte Behauptungen und großsprecherische Verallgemeinerungen, welche zum Handwerkszeug des Propagandisten gehören. »Jede wirkungsvolle Propaganda«, schrieb Hitler, »hat sich auf nur sehr wenige Punkte zu beschränken und diese schlagwortartig so lange zu verwerten, bis auch bestimmt der letzte unter einem solchen Wort das Gewollte sich vorzustellen vermag.«

Die Philosophie lehrt uns, an Dingen zu zweifeln, welche

uns selbstverständlich zu sein scheinen. Die Propaganda hingegen lehrt uns, Dinge als selbstverständlich hinzunehmen, denen gegenüber unser Urteil in Schwebe zu lassen oder Zweifel zu empfinden vernünftig wäre. Das Ziel des Demagogen ist es, sozialen Zusammenhalt unter seiner eigenen Führung zu schaffen. Und, wie Bertrand Russell erklärt hat, »dogmatische Systeme ohne empirische Grundlagen, wie die Scholastik, der Marxismus und der Faschismus, besitzen den Vorteil, einen starken sozialen Zusammenhalt unter ihren Schülern zu erzeugen«. Der demagogische Propagandist muß daher konsequent dogmatisch sein. Alles, was er behauptet, behauptet er uneingeschränkt. In seinem Weltbild gibt es kein Grau; alles ist entweder höllisch schwarz oder himmlisch weiß. Mit Hitlers Worten ausgedrückt, sollte der Propagandist eine »grundsätzlich subjektiv einseitige Stellungnahme zu jeder von ihm betrachteten Frage« haben. Er darf nie zugeben, daß er vielleicht unrecht haben oder daß Leute mit anderem Gesichtspunkt auch nur teilweise recht haben könnten. Mit Gegnern solle man nicht argumentieren; man solle sie angreifen, niederschreien oder, wenn sie lästig werden, liquidieren. Der moralisch zimperliche Intellektuelle sei vielleicht von so etwas schockiert. Die Massen aber »sehen zu allen Zeiten im rücksichtslosen Angriff auf einen Widersacher den Beweis des eigenen Rechts«.

Solcher Art also war Hitlers Meinung über die Menschheit als Masse. Es war eine sehr niedrige Meinung. War es auch eine unrichtige? Den Baum erkennt man an seinen Früchten, und eine Theorie über die menschliche Natur, welche zu Verfahren inspiriert, wie sie sich als so gräßlich wirkungsvoll erwiesen haben, muß zumindest ein Element von Wahrheit enthalten. Tugend und Verstand eignen Menschen, welche sich als Individuen frei mit anderen Individuen zu kleinen Gruppen zusammenschließen. Und ebenso eignen ihnen Sünde und Dummheit. Die untermenschliche Geistlosigkeit aber, an welche sich der Demagoge wendet, der moralische Schwachsinn, auf welchen er

sich verläßt, wenn er seine Opfer zum Handeln anstachelt, sind nicht für Menschen als Individuen, sondern für Menschen als Masse charakteristisch. Geistlosigkeit und moralische Idiotie sind keine charakteristisch menschlichen Eigenschaften; sie sind Symptome der Herdenvergiftung. In allen höheren Weltreligionen sind Heil und Erleuchtung nur dem einzelnen erreichbar. Das Himmelreich ist im Geist eines Menschen, nicht in der kollektiven Geistlosigkeit einer Menschenmenge. Christus versprach, anwesend zu sein, wo zwei oder drei versammelt seien. Er sagte nichts davon, anwesend zu sein, wo Tausende einander mit Herdengift berauschen. Unter den Nationalsozialisten waren ungeheure Mengen von Menschen gezwungen, ungeheuer viel Zeit darauf zu verwenden, in geschlossenen Reihen von Punkt *A* nach Punkt *B* und wieder zurück zu Punkt *A* zu marschieren. »Die ganze Bevölkerung so auf dem Marsch zu halten«, schreibt Hermann Rauschning, »erschien wie eine sinnlose Zeit- und Energieverschwendung.« Erst viel später enthüllte sich darin eine schlaue Absicht, die sich auf eine wohlerwogene Anpassung der Mittel an die Zwecke gründete. Marschieren lenkt die Gedanken der Menschen ab. Marschieren tötet das Denken. Marschieren macht der Individualität ein Ende. Marschieren war der unentbehrliche Zauberstreich, um das Volk an eine mechanische, gleichsam ritualistische Tätigkeit zu gewöhnen, bis sie zur zweiten Natur würde.«
Von seinem Standpunkt aus und auf der Ebene, auf der sein abscheuliches Werk zu vollbringen er sich vornahm, hatte Hitler völlig recht mit seiner Einschätzung der Menschennatur. Uns, die wir die Menschen eher als Individuen denn als Teile von Massen oder reglementierten Kollektiven sehen, scheint er entsetzlich unrecht zu haben. Wie können wir, in einem Zeitalter sich beschleunigender Übervölkerung, sich beschleunigender Überorganisierung und immer wirkungsvollerer Wege der Massenkommunikation, wie können wir da die Integrität des menschlichen Individuums bewahren und seinen Wert immer wieder geltend ma-

chen? Dies ist eine Frage, welche heute noch gestellt und vielleicht wirklich beantwortet werden muß. Eine Generation nach uns wird es vielleicht zu spät sein, eine Antwort zu finden, und vielleicht unmöglich, in dem erstickenden kollektiven Klima jener Zukunft auch nur die Frage zu stellen.

DIE KUNST DES VERKAUFENS

Der Fortbestand der Demokratie hängt von der Fähigkeit zahlreicher Menschen ab, ausreichend informiert realistische Entscheidungen zu treffen. Eine Diktatur hingegen erhält sich durch das Zensieren oder Entstellen der Tatsachen und durch den Appell nicht an die Vernunft, nicht an »aufgeklärten Egoismus«, sondern an Leidenschaften und Vorurteile und an die mächtigen »geheimen Kräfte«, wie Hitler sie nannte, die in den unbewußten Tiefen jeder Menschenseele vorhanden sind.

In der westlichen Welt werden die demokratischen Grundsätze laut verkündet, und viele tüchtige und gewissenhafte Publizisten tun ihr möglichstes, die Wähler mit ausreichender Information zu versorgen und sie durch vernünftige Beweisgründe zu bewegen, im Licht dieser Informationen eine realistische Wahl zu treffen. Das alles ist durchaus ehrenwert. Leider aber hat die Propaganda in den westlichen Demokratien, vor allem in Amerika, zwei Gesichter und eine gespaltene Persönlichkeit. Die Leitung des redaktionellen Teils hat oft ein demokratischer Dr. Jekyll inne – ein Propagandist, welcher glücklich wäre, beweisen zu können, daß John Dewey recht hatte, als er der menschlichen Natur die Fähigkeit unterstellte, auf Wahrheit und Vernunft zu reagieren. Diesem würdigen Mann untersteht aber nur eben ein Teil der Maschinerie der Massenkommunikation. Als Leiter des Anzeigenteils finden wir einen antidemokratischen, weil antirationalen Mister Hyde – oder vielmehr einen Dr. Hyde, denn Hyde ist heutzutage Dr.

der Psychologie und besitzt auch das Doktordiplom der Sozialwissenschaften. Dieser Dr. Hyde wäre wahrhaftig äußerst betrübt, wenn jedermann das Vertrauen John Deweys auf die menschliche Natur rechtfertigte. Wahrheit und Vernunft sind Jekylls Sache, nicht die seine. Dr. Hyde ist Motivationsanalytiker, und seine Sache ist es, menschliche Schwächen und Unzulänglichkeiten zu studieren, jene unbewußten Begierden und Befürchtungen zu untersuchen, von denen so viel an bewußtem Denken und offenem Handeln der Menschen bestimmt wird. Und er tut dies nicht im Sinn des Moralisten, welcher die Menschen bessern, oder des Arztes, welcher ihre Gesundheit fördern möchte, sondern einfach, um den besten Weg zu finden, aus ihrer Unwissenheit Vorteil zu ziehen und ihre Unvernunft zum finanziellen Nutzen seiner Arbeitgeber auszubeuten. Aber, könnte man schließlich einwenden, »der Kapitalismus ist tot, die Konsumgesellschaft ist König« – und die Konsumgesellschaft benötigt die Dienste von Absatzspezialisten, welche in allen Künsten der Überredung (einschließlich deren widerlichster) geübt sind. Unter einem System freien Wettbewerbs ist kommerzielle Propaganda mit allen und jeden Mitteln absolut unentbehrlich. Das Unentbehrliche ist aber nicht notwendigerweise das Wünschenswerte. Was nachweislich gut ist, bezogen auf die Wirtschaft, kann für die Menschen als Wähler oder auch nur als Menschenwesen alles andere als gut sein. Eine frühere, moralischere Generation wäre zutiefst entrüstet gewesen über den unumwundenen Zynismus der Motivationsanalytiker. Heutzutage lesen wir ein Buch wie Vance Packards *The Hidden Persuaders** und sind dabei mehr belustigt als entsetzt, mehr resigniert als entrüstet. Im Gefolge Freuds, im Gefolge des Behaviorismus, im Zuge des verzweifelten chronischen Bedürfnisses des Massenerzeugers nach Massenverbrauch waren solche Praktiken nur zu erwarten. Aber wel-

* Deutsche Ausgabe: Vance Packard, »Die geheimen Verführer«, Econ Verlag, Düsseldorf 1958.

che, dürfen wir wohl fragen, sind die Praktiken, die in Zukunft zu erwarten sind? Verträgt sich Hydes Tätigkeit auf die Dauer mit der Tätigkeit Jekylls? Kann ein Werbefeldzug für Rationalität erfolgreich sein gegenüber einem anderen und sogar noch lebhafteren der Irrationalität? Das sind Fragen, welche ich für den Augenblick nicht zu beantworten versuchen will, sondern in der Schwebe lassen werde als einen Hintergrund für unsere Diskussion der Methoden der Massenbeeinflussung in einer technologisch fortgeschrittenen demokratischen Gesellschaft.

Die Aufgabe des kommerziellen Propagandisten in einer Demokratie ist auf manche Weise einfacher und auf manche Weise schwieriger als die des von einem zur Macht gelangten oder die Macht anstrebenden Diktator beschäftigten politischen Propagandisten. Sie ist insofern leichter, als fast jedermann für Bier, Zigaretten oder Kühlschränke eingenommen ist, aber wohl niemand für Tyrannen. Sie ist schwieriger insofern, als dem kommerziellen Propagandisten durch die besonderen Regeln seines Spiels nicht erlaubt ist, sich an die wilderen Instinkte seines Publikums zu wenden. Der Inserent von Milchprodukten würde nur allzugern seinen Lesern und Hörern sagen, daß alle ihre Unannehmlichkeiten durch die Machenschaften einer Bande gottloser internationaler Margarinefabrikanten verursacht seien und daß es ihre patriotische Pflicht sei, loszumarschieren und die Fabriken der Unterdrücker niederzubrennen. So etwas ist jedoch durch die Spielregeln ausgeschlossen, und er muß sich mit einer gemäßigteren Methode zufriedengeben. Aber die gemäßigte Methode ist weniger aufregend als eine, die mit Verbalinjurien oder physischer Gewalttätigkeit operiert. Auf die Dauer sind Zorn und Haß sich selbst aufzehrende Gefühle. Auf kurze Sicht aber zahlen sie hohe Dividenden in Form psychischer und sogar (da sie große Mengen von Adrenalin und Noradrenalin freisetzen) physischer Befriedigung. Leute mögen anfänglich gegen Tyrannen voreingenommen sein; wenn aber die Tyrannen oder angehenden Tyrannen sie mit

Adrenalin freisetzender Propaganda über die Ruchlosigkeit ihrer Feinde behandeln – besonders solcher Feinde, die schwach genug sind, um verfolgt werden zu können –, sind sie bereit, sich ihnen mit Begeisterung anzuschließen. In seinen Reden wiederholte Hitler immer wieder Worte wie »Haß«, »Gewalt«, »rücksichtslos«, »zertreten« und begleitete die heftigen Worte mit noch heftigeren Gesten. Er schrie, er brüllte, die Adern schwollen ihm an, sein Gesicht wurde puterrot. Starke Gemütsbewegung ist (wie jeder Schauspieler und Dramatiker weiß) in höchstem Grad ansteckend. Von der bösartigen Raserei des Redners infiziert, stöhnte und schluchzte und schrie die Zuhörerschaft in einer Orgie ungehemmter Leidenschaft. Und diese Orgien waren so genußreich, daß die meisten, die sie erlebt hatten, eifrig wiederkamen und nach mehr verlangten. Wir sehnen uns fast alle nach Frieden und Freiheit; aber sehr wenige von uns bringen viel Begeisterung für diejenigen Gedanken, Gefühle und Handlungen auf, die Frieden und Freiheit herbeiführen. Umgekehrt wünscht fast niemand Krieg und Tyrannei; aber sehr viele Leute finden innigen Genuß an Gedanken, Gefühlen und Handlungen, welche Krieg und Tyrannei begünstigen. Diese Gedanken, Gefühle und Handlungen sind zu gefährlich, um für kommerzielle Zwecke ausgebeutet zu werden. Der Werbetexter muß dieses Handikap hinnehmen und das Bestmögliche mit den weniger berauschenden Gefühlen, den stilleren Formen der Irrationalität erreichen.

Wirksame vernunftgemäße Propaganda wird nur möglich, wenn unter allen Beteiligten ein klares Einverständnis herrscht über das Wesen der Symbole und deren Beziehungen zu den symbolisierten Dingen und Ereignissen. Vernunftwidrige Propaganda hängt, um effizient zu sein, von einem allgemeinen Nichtverstehen des Wesens der Symbole ab. Schlichte Gemüter neigen dazu, das Symbol mit dem, was es symbolisiert, gleichzusetzen, den Dingen und Ereignissen einige der Eigenschaften zuzuschreiben, die durch die Worte ausgedrückt werden, welche der Propagandist gewählt hat, um für seine eigenen Zwecke von jenen zu reden. Man nehme ein einfaches Beispiel. Die meisten Schönheitsmittel sind aus Lanolin hergestellt, einer Mischung aus gereinigtem Wollfett und Wasser, welche zu einer Emulsion gerührt wird. Diese Emulsion hat viele wertvolle Eigenschaften: sie dringt in die Haut ein, sie wird nicht ranzig, sie ist ein wenig antiseptisch usw. Die Werbetexter aber sprechen nicht von den wahren Vorzügen der Emulsion. Sie geben ihr irgendeinen malerisch-lustvollen Namen, reden verzückt und irreführend von weiblicher Schönheit und zeigen uns Bilder prächtiger Blondinen, welche ihr Zellgewebe mit Hautnahrung füttern. »Die Schönheitsmittelerzeuger«, schrieb einer von ihnen, »verkaufen nicht Lanolin, sie verkaufen Hoffnung.« Für diese Hoffnung, diese betrügerische Andeutung eines Versprechens, sie zu verwandeln, zahlen Frauen und Mädchen den zehn- oder zwanzigfachen Wert der Emulsion, welche die Propagandisten so geschickt durch irreführende Symbole mit einem tief eingefleischten und fast allgemeinen weiblichen Wunsch in Beziehung gesetzt haben – dem Wunsch, anziehender für das andere Geschlecht zu sein. Die Grundregeln dieser Art von Propaganda sind äußerst einfach. Man finde ein allgemeines Verlangen, irgendeine weitverbreitete unbewußte Furcht oder Besorgnis; man denke sich einen Weg aus, diesen Wunsch oder diese Furcht zu dem Erzeugnis, das man zu verkaufen hat, in Beziehung zu setzen; dann baue man aus wörtlichen oder bildlichen Symbolen eine Brücke, über welche die Kundschaft von Tatsachen zu kompensatorischen Träumen und von den Träumen zu der Illusion schreiten kann, daß das Erzeugnis, wenn gekauft, Traum zu Wirklichkeit machen werde. »Wir kaufen nicht mehr Orangen, wir kaufen Lebenskraft. Wir kaufen nicht einfach ein Auto, wir kaufen Prestige.« Und so ist es mit allem übrigen. In der Zahnpasta, zum Beispiel, kaufen wir nicht bloß ein reinigendes und antiseptisches Mittel, sondern Befreiung von der Furcht, sexuell abstoßend zu sein. In Wodka und Whisky kaufen wir nicht etwa ein Protoplasmagift, welches in kleinen Mengen das Nervensystem auf eine psychisch nutzbringende Art herabzustimmen vermag; wir kaufen Gemütlichkeit und gute Kameradschaft, herzerwärmende Gastfreundschaft und die geistige Brillanz der Mermaid-Taverne. In unseren Abführmitteln kaufen wir die Gesundheit eines Griechengottes, die strahlende Erscheinung einer Nymphe Dianas. Mit den monatlichen Kassenknüllern des Buchhandels erwerben wir Kultur, den Neid unserer weniger belesenen Nachbarn und die Achtung der geistig Anspruchsvollen. In jedem dieser Fälle hat der Motivationsanalytiker einen tief eingefleischten Wunsch oder eine ebensolche Furcht gefunden, deren Energie benutzt werden kann, um den Verbraucher zu bewegen, sich von seinem Bargeld zu trennen und so mittelbar die Räder der Industrie in Gang zu halten. Gespeichert in Geist und Körper zahlloser Individuen, wird diese potentielle Energie durch eine Reihe von Symbolen freigesetzt und weitergeleitet, und die Leitung ist sorgfältig so angelegt, daß sie um jede Rationalität einen Bogen macht und den wahren Sachverhalt verdunkelt.

Manchmal tun die Symbole ihre Wirkung dadurch, daß sie selbst schon unverhältnismäßig eindrucksvoll und nachhaltig fesselnd sind. Von dieser Art sind die Rituale und das Festgepränge der Religionen. Diese »Schönheit der Heiligkeit« stärkt den Glauben, wo er bereits vorhanden ist, und trägt, wo noch keiner vorhanden ist, zur Bekehrung bei. Da sie sich nur an den Schönheitssinn wendet, verbürgt sie weder die Wahrheit noch den ethischen Wert der Lehre, mit der sie ganz willkürlich assoziiert worden ist. Es ist jedoch eine schlichte geschichtliche Tatsache, daß die Schönheit der Heiligkeit oft von der Schönheit der Unheiligkeit erreicht und übertroffen worden ist. Unter Hitler, zum Beispiel, waren die jährlichen Nürnberger Parteitage Meisterwerke der Kunst des Rituals und der Inszenierung. »Ich habe vor dem Krieg, in den besten Zeiten des alten russischen Balletts, sechs Jahre in St. Petersburg verbracht«, schreibt Sir Neville Henderson, der britische Botschafter in Hitler-Deutschland, »aber was großartige Schönheit betrifft, habe ich nie ein Ballett gesehen, das sich mit dem Nürnberger Parteitag messen konnte.« Man denkt dabei an Keats (»Schönheit ist Wahrheit, Wahrheit Schönheit ist«). Leider besteht diese Identität nur auf einer äußersten, überirdischen Ebene. Auf der Ebene der Politik und Theologie ist Schönheit völlig vereinbar mit Unsinn und Tyrannei. Und das ist ein Glück; denn wenn Schönheit unvereinbar mit Unsinn und Tyrannei wäre, gäbe es recht wenig Kunst auf der Welt. Die Meisterwerke der Malerei, Bildhauerei und Architektur wurden als religiöse oder politische Propaganda geschaffen, zum größeren Ruhme Gottes, einer Regierung oder Priesterschaft. Die meisten Könige und Priester aber waren despotisch, und alle Religionen waren von Aberglauben durchsetzt. Das Genie war der Diener der Tyrannei, und die Kunst machte für den örtlichen Kult Reklame. Die Zeit schied dann später die gute Kunst von der schlechten Metaphysik. Können wir lernen, diese Unterscheidung nicht erst nachträglich vorzunehmen, sondern an Ort und Stelle? Das ist die Frage.

In der kommerziellen Propaganda wird das Prinzip des unverhältnismäßig fesselnden Symbols klar begriffen. Jeder Werbechef hat seine Kunstabteilung, und es wird beständig versucht, die Plakatwände mit eindrucksvollen Plakaten, die Reklameseiten der Magazine mit lebhaften Zeichnungen und Fotos zu verschönern. Da gibt es keine Meisterwerke; denn Meisterwerke gefallen nur einem begrenzten Publikum, und der Werbefachmann ist darauf aus, die Mehrheit gefangenzunehmen. Für ihn ist das Ideal mäßige Vortrefflichkeit. Von denjenigen, denen diese nicht allzu gute, aber genügend eindrucksvolle Kunst gefällt, läßt sich erwarten, daß ihnen auch die Erzeugnisse, mit denen sie assoziiert worden ist und die sie symbolisch vertritt, gefallen werden.

Ein anderes, unverhältnismäßig fesselndes Symbol ist die gesungene Reklame. Sie ist eine jüngste Erfindung; aber gesungene Theologie und gesungene Andacht – Kirchenlied und Psalm – sind so alt wie die Religion selbst. Gesungener Militarismus, d. h. das Marschlied, ist der Altersgenosse des Krieges, und gesungener Patriotismus, der Vorläufer unserer Nationalhymnen, wurde zweifellos zur Förderung der Gruppensolidarität, zur Betonung des Unterschieds zwischen »uns « und »ihnen« schon von den wandernden Horden paläolithischer Jäger und Sammler verwendet. Für die meisten Menschen hat Musik an sich etwas Anziehendes. Überdies neigen Melodien dazu, sich dem Geist des Hörers einzuprägen. Eine bestimmte Melodie läßt einen ein Leben lang nicht mehr los und geistert im Gedächtnis. Man nehme zum Beispiel eine ganz uninteressante Feststellung oder ein ebensolches Werturteil. So, wie es da gedruckt steht, wird sich niemand viel darum kümmern. Nun aber unterlege man die Worte mit einer reißerischen und einprägsamen Melodie. Sogleich erhalten die Worte Macht und werden sich überdies meistens von selbst wiederholen, sooft die Melodie gehört wird oder man sich ihrer spontan erinnert. Orpheus ist ein Bündnis mit Pawlow eingegangen – die Macht der Töne mit dem bedingten Reflex. Für den kommerziellen Propagandisten wie für seine Kollegen auf den Gebieten der Politik und Religion besitzt die Musik noch einen anderen Vorteil. Unsinn, den zu schreiben, zu sprechen oder gesprochen zu hören für einen vernünftigen Menschen beschämend wäre, wird von demselben vernunftbegabten Menschen mit Genuß und sogar mit einer Art von intellektueller Überzeugung gesungen oder gesungen gehört. Können wir es lernen, den Genuß, zu singen oder Gesungenes zu hören, von unserer Neigung zu trennen, die Propaganda, die der Gesang vermittelt, zu glauben? Auch das ist die Frage.

Dank der Schulpflicht und der Rotationspresse ist der Propagandist seit vielen Jahren imstande, seine Botschaften so gut wie jedem Erwachsenen in jedem zivilisierten Land zuzuleiten. Heutzutage, dank Rundfunk und Fernsehen, ist er in der glücklichen Lage, sich sogar analphabetischen Erwachsenen und Kleinkindern mitteilen zu können.

Kinder sind, wie zu erwarten, höchst empfänglich für Propaganda. Sie kennen die Welt und ihr Treiben noch nicht und sind daher völlig arglos. Ihre Kritikfähigkeit ist unentwickelt. Die jüngsten von ihnen haben noch nicht das verständige Alter erreicht, und den älteren fehlt die Erfahrung, auf welche sie ihr neu erworbenes Verständnis anwenden könnten. Militärdienstpflichtige Rekruten wurden in Europa gern »Kanonenfutter« genannt. Ihre jüngeren Brüderchen und Schwesterchen sind nun Rundfunkfutter und Fernsehfutter geworden. Zu meiner Kindheit wurde uns beigebracht, Kinderverschen und, in frommen Haushalten, Kirchenlieder zu singen. Heutzutage trällern die lieben Kleinen Reklameliedchen. Was ist besser – »Rheingold ist mein Bier, das lob' ich mir« oder »Finster war's, der Mond schien helle«?, »Wohin soll ich mich wenden?« oder »Am Mundgeruch man's gleich erkennt: Du putzt sie nicht mit Pepsodent«? Wer weiß?

»Ich behaupte nicht, daß Kinder gezwungen werden sollten, ihre Eltern zu plagen, Erzeugnisse zu kaufen, welche sie auf dem Fernsehschirm angepriesen gesehen haben. Andererseits aber kann ich meine Augen nicht vor der Tatsache verschließen, daß das tagtäglich geschieht.« Das schreibt der Star einer der vielen an eine jugendliche Zuschauerschaft gerichteten Sendereihen. »Kinder«, fügt er hinzu, »sind lebende, sprechende Aufzeichnungen dessen, was wir ihnen jeden Tag sagen.« Und mit der Zeit werden diese lebenden, sprechenden Aufzeichnungen der Fernsehreklame heranwachsen, Geld verdienen und die Industrieerzeugnisse kaufen. »Bedenken Sie«, schreibt Clyde Miller in *The Process of Persuasion* verzückt, »was es für Ihre Firma an Gewinn bedeuten kann, wenn Sie es erreichen, die Reflexe von einer Million oder von zehn Millionen Kindern zu konditionieren, die dann als Erwachsene darauf gedrillt sind, Ihr Erzeugnis zu kaufen, wie Soldaten im voraus gedrillt sind, wenn sie das Kommandowort ›Vorwärts marsch!‹ hören!« Ja, man bedenke das nur! Und gleichzeitig erinnere man sich, daß die Diktatoren und die

Möchtegern-Diktatoren etwas Derartiges seit Jahren gesucht haben und daß Millionen und Millionen Kinder heranwachsen, welche das ideologische Erzeugnis des Despoten kaufen und wie gutgedrillte Soldaten auf die ihren jungen Gemütern von den Propagandisten des Despoten eingetrichterten Auslöseworte mit dem entsprechenden Verhalten reagieren werden.

Selbstregierung steht in umgekehrtem Verhältnis zur Anzahl. Je größer der Wahlkreis, desto geringer der Wert einer einzelnen Stimme. Wenn der Wähler bloß einer von Millionen ist, fühlt er sich machtlos, eine *quantité négligeable*. Die Kandidaten, die er zu Amt und Würden gewählt hat, sind weit weg, auf der Spitze der Machtpyramide. Theoretisch sind sie die Diener des Volkes; tatsächlich aber sind es diese Diener, die Befehle geben, und es ist das Volk tief unten an der Basis der großen Pyramide, das gehorchen muß. Zunehmende Bevölkerung und fortschreitende Technologie haben eine Zunahme der Zahl und Vielfalt der Organisationen zum Ergebnis gehabt, eine Zunahme der in den Händen der Beamten konzentrierten Macht und eine entsprechende Abnahme der von den Wählern ausgeübten Kontrolle, gekoppelt mit einer Abnahme der allgemeinen Achtung vor demokratischem Vorgehen. Schon geschwächt durch die großen unpersönlichen Kräfte, welche in der modernen Welt wirken, werden demokratische Einrichtungen nun von innen, durch die Politiker und ihre Propagandisten, unterhöhlt.

Die Menschen handeln auf sehr viele verschiedene unvernünftige Weisen, aber, wenn ihnen eine Möglichkeit geboten und das verfügbare Tatsachenmaterial zugänglich gemacht wird, scheinen sie alle fähig zu sein, eine vernünftige Wahl zu treffen. Demokratische Einrichtungen lassen sich nur dann verwirklichen, wenn alle, die es angeht, ihr möglichstes tun, Wissen zu verbreiten und Vernunft zu ermutigen. Heutzutage aber ziehen es die Politiker und ihre Propagandisten in den Demokratien, vor allem in der mächtigsten von ihnen, vor, demokratische Verfahren zum Gespött zu machen, indem sie sich fast ausschließlich an die Unwissenheit und Unvernunft der Wähler wenden. »Beide Parteien«, so ließ sich 1956 der Chefredakteur einer führenden amerikanischen Wirtschaftszeitschrift vernehmen, »werden ihre Kandidaten und Ziele mit denselben Methoden auf den Markt bringen, die das Geschäftsleben entwickelt hat, um Waren zu verkaufen. Zu diesen Methoden gehören fachkundige Auswahl der Ansprechweise und planmäßige Wiederholung ... Rundfunkkurzdurchsagen und Anzeigen werden Merkworte mit gezielter Eindringlichkeit wiederholen, Plakatwände werden Slogans von bewährter Kraft in die Augen springen lassen ... Kandidaten müssen außer einer volltönenden Stimme und guter Aussprache auch die Fähigkeit besitzen, vor der Fernsehkamera ›aufrichtig‹ auszusehen.«

Die politischen Vermarkter wenden sich nur an die Schwächen der Wähler, nie an ihre potentielle Stärke. Sie machen keinen Versuch, die Massen zur Tauglichkeit für die Selbstregierung zu erziehen; sie begnügen sich damit, sie bloß zu manipulieren und auszubeuten. Zu diesem Zweck werden alle Hilfsmittel der Psychologie und anderer Spezialwissenschaften mobilisiert und auf sie losgelassen. Mit sorgfältig ausgewählten Individuen der Wählerschaft werden »Tiefeninterviews« angestellt. Diese Tiefeninterviews enthüllen die unbewußten Befürchtungen und Wünsche, die zur Zeit einer Wahl in einer Wählerschaft vorherrschen. Phrasen und Vorstellungsbilder, welche dahin zielen, diese Befürchtungen zu beschwichtigen oder, wenn nötig, zu verstärken, diese Wünsche zu befriedigen, zumindest symbolisch, werden dann von Fachleuten ausgewählt, an Lesern und Zuhörern erprobt und je nach den so erhaltenen Auskünften gewechselt oder verbessert. Woraufhin in der politischen Kampagne alles bereit ist für diejenigen, die sich an die Massen zu wenden haben. Nun ist nichts weiter mehr nötig als Geld und ein Kandidat, welchem beigebracht werden kann, »aufrichtig« auszusehen. Unter der neuen Glaubenslehre haben politische Grundsätze und

Pläne für bestimmte Aktionen den größten Teil ihrer Bedeutung allmählich verloren. Die Persönlichkeit des Kandidaten und die Art, wie er von den Werbefachleuten projiziert wird, das sind die Dinge, auf die es wirklich ankommt.

Auf die eine oder andere Art, als kraftvoller Mannskerl oder gütiger Vater, muß der Kandidat eindrucksvoll sein. Er muß auch ein Unterhaltungskünstler sein, der sein Publikum nie langweilt. Aufgewachsen mit Rundfunk und Fernsehen, ist dieses Publikum gewöhnt, zerstreut zu werden, und hat es nicht gern, wenn man von ihm verlangt, sich zu konzentrieren oder eine längere geistige Anstrengung zu machen. Alle Reden des Unterhaltungskünstler-Kandidaten müssen daher knapp und knallig sein. Die großen Tagesfragen müssen in höchstens fünf Minuten behandelt werden – und lieber noch (da die Zuhörerschaft gern zu etwas Unterhaltsamerem als Inflation oder Wasserstoffbombe weitergehen möchte) in ganzen sechzig Sekunden. Das Wesen der Redekunst ist so beschaffen, daß bei Politikern und Geistlichen stets die Neigung vorhanden war, verwickelte Fragen übermäßig zu vereinfachen. Von der Kanzel oder der Tribüne herab findet es auch der gewissenhafteste Redner schwer, die volle Wahrheit zu sagen. Die Methoden, die heute angewendet werden, um den politischen Kandidaten an den Mann oder die Frau zu bringen, als wäre er ein Deodorant, gewährleisten der Wählerschaft geradezu, daß sie nie die volle Wahrheit über irgend etwas zu hören bekommen wird.

GEHIRNWÄSCHE

In den zwei vorausgegangenen Kapiteln habe ich die Methoden dessen, was man Gehirnmanipulation im Großen nennen könnte, beschrieben, wie sie von dem größten Demagogen und den erfolgreichsten Verkaufskanonen, die der Geschichte bekannt sind, angewendet wurden. Aber kein menschliches Problem läßt sich ausschließlich durch Engros-Methoden lösen. Die Schrotflinte hat ihren Platz, aber den hat auch die Injektionsspritze. In den folgenden Kapiteln will ich einige der wirkungsvolleren Methoden beschreiben, nach welchen nicht Massen, nicht ein ganzes Publikum, sondern einzelne Individuen manipuliert werden.

Im Lauf seiner epochemachenden Versuche zu konditionierten Reflexen beobachtete Pawlow, daß Versuchstiere, wenn sie einer längeren physischen oder psychischen Belastungsprobe, auch *stress* genannt, unterworfen wurden, alle Symptome eines nervlichen Zusammenbruchs zeigten. Ihre Gehirne weigerten sich, noch weiter zu versuchen, mit einer unerträglichen Lage fertig zu werden, und begannen – sozusagen – zu streiken und hörten entweder ganz auf zu arbeiten (der Hund verlor das Bewußtsein), oder sie nahmen ihre Zuflucht zu passiver Resistenz und Sabotage (der Hund benahm sich unrealistisch oder entwickelte die Art von physischen Symptomen, die wir bei einem Menschen hysterische nennen würden). Einige Tiere sind widerstandsfähiger gegen *stress* als andere. Hunde, die besitzen, was Pawlow eine »stark exzitable« Konstitution nennt, brechen schneller zusammen als Hunde von bloß »lebhaftem« (im Gegensatz zu einem cholerischen oder sehr aufgeregten) Temperament. Ebenso gelangen »schwach inhibitorische« Hunde viel früher ans Ende ihrer Kräfte als »gleichmütige, unerschütterliche« Hunde. Aber auch der stoischste Hund ist unfähig, unbegrenzt Widerstand zu leisten. Ist der *stress*, dem er unterworfen wird, genügend stark oder hält er genügend lange an, bricht er zuletzt so jämmerlich und so völlig zusammen wie der schwächste seiner Art.

Pawlows Entdeckungen wurden auf die betrüblichste Weise und in sehr großem Maßstab während der zwei Weltkriege bestätigt. Als Ergebnis eines einzelnen katastrophalen Erlebnisses oder einer Folge von weniger entsetzlichen, aber häufig wiederholten Erschütterungen entwickeln Soldaten eine Anzahl sie untauglich machender psychophysischer Symptome: zeitweilige Bewußtlosigkeit, äußerste Erregung, Lethargie, funktionale Blindheit oder Lähmung, völlig unrealistische Reaktionen auf den Reiz von Ereignissen, seltsame Umkehrungen lebenslang gewohnter Verhaltensweisen – all jene Symptome, die Pawlow an seinen Hunden beobachtete, tauchten unter den Opfern dessen wieder auf, was im Ersten Weltkrieg »Nervenerschütterung«, im Zweiten »Kampfmüdigkeit« genannt wurde. Jeder Mensch wie jeder Hund hat seine eigene, individuelle Belastungsgrenze. Die meisten Männer erreichen diese Grenze unter den Verhältnissen moderner Kriegsführung nach ungefähr dreißig Tagen von mehr oder weniger beständigem *stress.* Die überdurchschnittlich Empfindlichen erliegen schon nach fünfzehn Tagen. Die überdurchschnittlich Zähen können fünfundvierzig oder sogar fünfzig Tage aushalten. Aber stark oder schwach, zuletzt brechen sie alle zusammen. Alle, heißt das, der anfänglich Gesunden. Denn ironischerweise sind die einzigen, die den *stress* des modernen Kriegs unbegrenzt ertragen können, die Psychopathen. Individueller Wahnsinn ist immun gegen die Folgen kollektiven Wahnsinns.

Die Tatsache, daß jeder Mensch seine Belastungsgrenze hat, war längst bekannt und wurde auf eine grobe, unwissenschaftliche Weise seit undenklichen Zeiten ausgenutzt. In manchen Fällen ist »des Menschen gräßliche Unmenschlichkeit gegen den Menschen« von der Vorliebe für Grausamkeit um ihrer Gräßlichkeit und Faszination selbst willen inspiriert gewesen. Öfter jedoch war reiner Sadismus mit Nützlichkeitserwägungen, theologischen Gründen oder der Staatsraison vermischt. Körperliche Folter und andere Formen von *stress* wurden von Juristen angewendet, um widerwilligen Zeugen die Zunge zu lösen; von Priestern, um Irrgläubige zu strafen und sie zu bewegen, ihre Meinungen zu ändern; von der Geheimpolizei, um von Personen, welche verdächtig waren, der Regierung feindlich gesinnt zu sein, Geständnisse zu erpressen. Unter Hitler wurde die Folter und später die Massenausrottung gegen jene biologischen Ketzer, die Juden, angewendet. Für einen jungen Nationalsozialisten war eine Pflichtreise durch die Vernichtungslager (um mit Himmler zu sprechen) »...die beste Belehrung über minderwertige Menschen und die untermenschlichen Rassen«. Da der Antisemitismus, den Hitler als junger Mann in den Armenvierteln von Wien aufgeschnappt hatte, einer Besessenheit gleichkam, war diese Erneuerung der vom heiligen Offizium gegen die Ketzer und Hexen angewendeten Methoden unvermeidlich. Aber im Licht der Forschungsergebnisse Pawlows und der von Psychiatern bei der Behandlung von Kriegsneurosen gewonnenen Erkenntnisse erscheint der Antisemitismus als ein abscheulicher und grotesker Anachronismus. Verschiedene Arten von *stress*, die vollkommen ausreichen, um einen völligen zerebralen Zusammenbruch zu verursachen, können durch Methoden herbeigeführt werden, die zwar unmenschlich sind, aber doch nicht bis zu körperlicher Folter gehen.

Was immer in früheren Jahren geschehen sein mag, es scheint ziemlich gewiß zu sein, daß körperliche Folterung von der kommunistischen Polizei heute nicht mehr in großem Ausmaß angewendet wird. Sie holt sich ihre Inspiration nicht beim Inquisitor oder beim ss-Mann, sondern beim Physiologen und seinen methodisch konditionierten Versuchstieren. Für den Diktator und seine Polizei haben Pawlows Forschungsergebnisse wichtige praktische Konsequenzen. Wenn das zentrale Nervensystem eines Hundes zum Zusammenbrechen gebracht werden kann, so auch das zentrale Nervensystem eines politischen Häftlings. Es handelt sich einfach darum, das richtige Maß von *stress* während der richtigen Dauer anzuwenden. Am Ende der Behandlung ist der Häftling dann in einem Zustand der Neurose oder Hysterie und wird bereit sein, zu gestehen, was immer die ihn gefangen Haltenden von ihm gestanden wissen wollen.

Aber das Geständnis genügt nicht. Ein hoffnungsloser Neurotiker ist niemandem von Nutzen. Was der intelligente und praktische Diktator braucht, ist nicht ein Patient, welcher in eine Anstalt einzuweisen ist, oder ein Opfer, welches erschossen werden muß, sondern ein Bekehrter, welcher für die Sache des Diktators arbeiten will. Er holt sich also abermals Rat bei Pawlow und erfährt, daß die Hunde auf dem Weg zum endgültigen Zusammenbruch übernormal beeinflußbar werden. Neue Verhaltensweisen können leicht eingebaut werden, während der Hund sich der Grenze seines zerebralen Ausharrens nähert oder sie schon erreicht hat, und diese neuen Verhaltensweisen scheinen untilgbar zu sein. Das Tier, dem sie eingepflanzt wurden, kann nicht wieder dekonditioniert werden. Was es unter *stress* gelernt hat, bleibt ein integraler Teil seiner Konstitution.

Seelischer *stress* kann auf vielerlei Weise hervorgerufen werden. Hunde werden verstört, wenn Reize ungewöhnlich stark sind; wenn das Intervall zwischen einem Reiz und der gewohnten Reaktion ungebührlich verlängert wird und das Tier in einem Zustand der Erwartung bleibt; wenn das Gehirn durch Reize in Verwirrung gerät, welche allem zuwiderlaufen, was der Hund zu erwarten gelernt hat; wenn Reize keinen Sinn innerhalb des dem Opfer gewohnten Beziehungssystems zu haben scheinen. Ferner hat man entdeckt, daß die absichtliche Einflößung von Furcht, Zorn oder Angst die Beeinflußbarkeit des Hundes deutlich steigert. Wenn diese Gefühle lange genug in einem hohen Grad der Intensität gehalten werden, beginnt das Gehirn »zu streiken«. Tritt das ein, dann können mit größter Leichtigkeit neue Verhaltensweisen eingebaut werden.

Zu den Arten von körperlichem *stress*, die die Suggestibilität des Hundes erhöhen, gehören Ermüdung, Verwundungen und jegliche Krankheit.

Für den Möchtegern-Diktator haben diese Entdeckungen wichtige praktische Konsequenzen. Sie beweisen, zum Beispiel, daß Hitler recht hatte mit der Behauptung, Massenversammlungen seien nachts noch wirkungsvoller als bei Tag. »Morgens und tagsüber«, schrieb er, »scheinen die Willenskräfte der Menschen sich noch mit höchster Energie gegen den Versuch der Aufzwingung eines fremden Willens und einer fremden Meinung zu sträuben. Abends dagegen unterliegen sie leichter der beherrschenden Kraft eines stärkeren Wollens.«

Pawlow hätte ihm beigestimmt; Ermüdung erhöht die Suggestibilität. (Das ist unter anderem der Grund, daß die kommerziellen Paten von Fernsehprogrammen die Abendstunden bevorzugen und bereit sind, mit barem Geld dafür entsprechend zu bezahlen.)

Krankheit ist hinsichtlich der Beeinflußbarkeit sogar noch wirksamer als Ermüdung. In der Vergangenheit waren Krankenzimmer der Schauplatz zahlloser religiöser Bekehrungen. Der wissenschaftlich ausgebildete Diktator der Zukunft wird alle Krankenhäuser seines Herrschaftsbereichs mit Tonanlagen und Kopf(kissen)hörern ausstatten. Konservierte Überredung wird zu allen vierundzwanzig Stunden des Tages durch den Äther schwirren, und die wichtigeren Patienten werden von politischen Seelenrettern und Gesinnungswandlern besucht werden, genau wie in der Vergangenheit ihre Vorfahren von Priestern, Nonnen und frommen Laien besucht wurden.

Die Tatsache, daß ausgeprägte negative Emotionen geeignet sind, die Suggestibilität zu erhöhen und so einen Gesinnungswechsel zu erleichtern, ist lange vor Pawlow beobachtet und genutzt worden. Wie Dr. William Sargant in seinem aufschlußreichen Buch *Battle for the Mind* (Der Kampf um die Seele)* betont, gründete sich John Wesleys ungeheurer Erfolg als Prediger auf ein intuitives Verständnis des zentralen Nervensystems. Er eröffnete seine Predigt etwa mit einer langen und ins einzelne gehenden Beschreibung der Qualen, zu denen seine Hörer, wenn sie sich nicht bekehrten, zweifellos auf alle Ewigkeit ver-

* Deutsche Ausgabe im R. Piper & Co. Verlag, München 1958.

dammt sein würden. Sobald dann Schrecken und quälendes Schuldbewußtsein seine Zuhörerschaft an die Schwelle oder in manchen Fällen über die Schwelle eines völligen zerebralen Zusammenbruchs gebracht hatten, änderte er die Tonart und versprach denjenigen, die glaubten und bereuten, die Rettung ihrer Seele. Durch solches Predigen bekehrte Wesley Tausende von Männern, Frauen und Kindern. Heftige Furcht zermürbte sie und rief einen Zustand sehr verstärkter Beeinflußbarkeit hervor. In diesem Zustand waren sie fähig, die theologischen Erklärungen des Predigenden fraglos hinzunehmen. Worauf sie durch Worte des Trostes reintegriert wurden und aus ihrer schweren Prüfung mit neuen Verhaltensweisen hervorgingen, welche ihrem Geist und ihrem Nervensystem fest aufgeprägt worden waren.

Die Effizienz politischer und religiöser Propaganda hängt von den angewendeten Methoden ab, nicht von den gepredigten Lehren. Diese Lehren mögen wahr oder falsch, bekömmlich oder schädlich sein – es macht wenig oder keinen Unterschied. Wenn die Belehrung auf die richtige Weise im geeigneten Stadium nervlicher Erschöpfung erfolgt, wird sie wirken. Unter günstigen Umständen kann so gut wie jedermann zu so gut wie allem bekehrt werden.

Wir besitzen ins einzelne gehende Beschreibungen der von der kommunistischen Polizei bei politischen Häftlingen angewendeten Methoden. Von dem Augenblick an, wo das Opfer in Gewahrsam genommen wird, wird es systematisch vielen Arten von körperlichem und seelischem *stress* unterworfen. Der Häftling wird schlecht ernährt. Es wird dafür gesorgt, daß er sich äußerst unbehaglich fühlt. Es wird ihm nicht gestattet, mehr als wenige Nachtstunden zu schlafen. Und die ganze Zeit wird er in einem Zustand der ängstlichen Erwartung, der Ungewißheit und heftiger Befürchtungen gehalten. Tag auf Tag – oder vielmehr Nacht auf Nacht, denn diese pawlowschen Polizeibeamten begreifen den Wert der Ermüdung als eines Verstärkers der

Beeinflußbarkeit – wird er verhört, oft viele Stunden hintereinander und von Leuten, welche ihr möglichstes tun, ihm Furcht einzuflößen, ihn zu verwirren und ratlos zu machen. Nach ein paar Wochen oder Monaten solcher Behandlung beginnt sein Gehirn zu streiken, und er gesteht, was immer er nach dem Wunsch seiner Gefängniswärter gestehen soll. Dann wird ihm, falls er nicht erschossen, sondern bekehrt werden soll, der Trost der Hoffnung geboten. Wenn er nun den wahren Glauben annehmen wollte, könnte er jetzt noch gerettet werden – natürlich nicht im Jenseits, nicht im ewigen Leben (denn offiziell gibt es kein ewiges Leben), sondern in diesem.
Ähnliche, aber etwas weniger drastische Methoden wurden während des Koreakrieges bei Kriegsgefangenen angewendet. In den chinesischen Lagern wurden die jungen westlichen Gefangenen systematischem *stress* unterworfen. So wurden diejenigen, die auch nur im geringsten gegen die Lagerregeln verstießen, in das Büro des Kommandanten gerufen, um hier verhört und eingeschüchtert und öffentlich gedemütigt zu werden. Und das Verfahren wiederholte sich immer wieder, zu jeder Stunde des Tages oder der Nacht. Diese beständige Quälerei erzeugte in den Opfern ein Gefühl der Ratlosigkeit und chronischen Angst. Um ihr Schuldbewußtsein zu verstärken, wurden sie gezwungen, lange autobiographische Berichte über ihre Unzulänglichkeiten zu schreiben und dies mit immer intimeren Einzelheiten aber- und abermals zu wiederholen. Und nachdem sie ihre eigenen Sünden bekannt hatten, wurden sie genötigt, die Sünden ihrer Gefährten anzugeben. Beabsichtigt war damit, innerhalb des Lagers ein nachtmahrisches Kollektiv zu schaffen, in welchem jeder jeden bespitzelte und anzeigte. Zu diesen seelischen Belastungen kamen die körperlichen der Unterernährung, des Unbehagens und der Krankheit hinzu. Die so herbeigeführte Suggestibilität wurde von den Chinesen geschickt ausgenutzt, indem sie diesen abnorm empfänglichen Gemütern große Mengen prokommunistischer und antikapitalistischer Schriften ein-

pumpten. Diese pawlowschen Verfahren waren bemerkenswert erfolgreich. Einer von je sieben amerikanischen Kriegsgefangenen machte sich, wie uns amtlich gesagt wird, schwerer Kollaboration mit den chinesischen Behörden schuldig, einer von je dreien der Kollaboration im kriegsrechtlichen Sinn.

Man darf nicht etwa annehmen, daß diese Art der Behandlung von den Kommunisten ausschließlich ihren Feinden vorbehalten wird. Die jungen Leute, deren Aufgabe es während der ersten Jahre des neuen Regimes war, sich als kommunistische Missionare und Organisatoren in den unzähligen Städten und Dörfern Chinas zu betätigen, wurden einem viel intensiveren Eintrichterungskursus unterworfen als jemals ein Kriegsgefangener. In *China under Communism* beschreibt R. L. Walker die Methoden, durch welche die Parteiführer es bewerkstelligen, aus gewöhnlichen Männern und Frauen die Tausende selbstloser Fanatiker zu machen, die zur Verbreitung des kommunistischen Evangeliums und zur Durchführung kommunistischer Maßnahmen erforderlich sind. Bei diesem Schulungssystem wird das menschliche Rohmaterial in besondere Lager befördert, wo die zu Schulenden völlig von ihren Freunden, Familien und der Außenwelt im allgemeinen abgeschnitten sind. In diesen Lagern müssen sie ermüdende körperliche und geistige Arbeit leisten; sie sind nie allein, sondern immer in Gruppen; sie werden dazu angehalten, einander zu bespitzeln; es wird von ihnen verlangt, selbstanklägerische Lebensgeschichten zu schreiben; sie leben in beständiger Furcht vor dem gräßlichen Geschick, das ihnen zuteil werden kann ob dessen, was von Spitzeln über sie berichtet worden ist oder was sie selbst gestanden haben. In diesem Zustand erhöhter Suggestibilität werden sie einem intensiven Lehrgang in theoretischem und angewandtem Marxismus unterzogen – einem Lehrgang, bei welchem das Nichtbestehen der Prüfungen alles mögliche, von schmählicher Ausstoßung bis zu einer Strafzeit in einem Zwangsarbeitslager oder sogar die Liquidierung, bedeuten kann. Nach etwa sechs Monaten dieser Behandlung ruft der langdauernde geistige und körperliche *stress* diejenigen Ergebnisse hervor, die Pawlows Entdeckungen gemäß zu erwarten sind. Einer nach dem anderen oder in ganzen Gruppen brechen die auf diese Weise Geschulten zusammen. Neurotische und hysterische Symptome treten auf. Manche der Opfer begehen Selbstmord, bei anderen (bis zu 20% der Gesamtzahl, so wird uns berichtet) entwickeln sich schwere Geistesstörungen. Diejenigen, die die Härten des Bekehrungsvorgangs überstehen, gehen mit neuen und untilgbaren Verhaltensweisen daraus hervor. Alle ihre Bindungen an die Vergangenheit – an Freunde, Familie, traditionelle Anständigkeit und Frömmigkeit – sind durchschnitten worden. Sie sind neue Menschen, neu erschaffen im Ebenbild ihres neuen Gottes und völlig seinem Dienst geweiht*.

Überall in der kommunistischen Welt erzeugen Hunderte von Konditionierungszentralen Zehntausende dieser disziplinierten und hingebungsvollen jungen Leute. Was die Jesuiten für die katholische Kirche zur Zeit der Gegenreformation leisteten, das leisten nun und zweifellos auch weiterhin diese Erzeugnisse einer wissenschaftlicheren und sogar noch härteren Schulung für die kommunistischen Parteien Europas, Asiens und Afrikas.

In politischer Hinsicht scheint Pawlow ein altmodischer Liberaler gewesen zu sein. Aber durch eine seltsame Ironie

* Diese Erziehungsmethoden werden nun anscheinend bei jedermann angewendet. Ein zwölfstündiger Arbeitstag gewährleistet einen dauernden Erschöpfungszustand. Bespitzelung, Denunziation und eine allgegenwärtige Polizei fördern chronische Angst. Die erzwungene Unterdrükkung des Geschlechtstriebs und der Herzensneigungen ruft ein Gefühl äußerster, hoffnungsloser Frustration hervor. Auf Männer, Frauen und Kinder, die durch diese bewährten pawlowschen Methoden mürbe gemacht wurden, ergießt sich ein unaufhörlicher Strom von Befehlen, dogmatischen Behauptungen, glühendheißem Chauvinismus, Haßgesängen und Androhungen schwerer Bestrafung, gemildert durch chiliastische Versprechen einer glorreichen Zukunft. Wie viele Millionen unter dieser erzieherischen Feuerprobe zusammenbrechen werden, bleibt abzuwarten.

des Schicksals haben seine Forschungen und die Theorien, die er darauf begründete, eine große Armee von Fanatikern ins Leben gerufen, welche sich mit Herz und Hirn, Reflex- und Nervensystem der Vernichtung des altmodischen Liberalismus, wo immer er sich findet, widmen.

Gehirnwäsche, wie sie heute gehandhabt wird, ist ein Zwitterverfahren und hängt, was ihre Effizienz betrifft, teils von systematischer Gewaltanwendung, teils von geschicktem psychologischen Manipulieren ab. Sie stellt das Vorgehen von *1984* im Übergang zum Vorgehen von *Schöne neue Welt* dar. Unter einer schon lange bestehenden und gut geregelten Diktatur werden unsere heute geläufigen Methoden halb gewaltsamen Manipulierens zweifellos als absurd roh erscheinen. Von frühester Kindheit an konditioniert (und vielleicht auch biologisch genormt), wird das Durchschnittsindividuum der mittleren oder unteren Kaste nie einer Bekehrung oder auch nur eines »Auffrischungskurses« im wahren Glauben bedürfen. Die Angehörigen der höchsten Kaste aber werden imstande sein müssen, bei neuen Situationen neue Gedanken zu denken. Folglich wird ihre Schulung viel weniger intensiv sein als die jenen auferlegte, deren Aufgabe es sein wird, nicht nach dem Warum zu fragen, sondern bloß mit einem Mindestmaß von Aufwand zu tun, was sie zu tun haben, und gegebenenfalls dabei zu sterben. Diese Individuen der Oberkaste werden noch immer Exemplare einer wilden Spezies sein – der selber nur leicht konditionierten Trainer und Wärter einer riesigen Herde völlig gezähmter Tiere. Ihre Wildheit wird es ihnen ermöglichen, Häretiker und Rebellen zu werden. Wenn das geschieht, werden sie entweder liquidiert, oder ihre Gehirne werden zur Orthodoxie zurückgewaschen werden müssen, oder sie werden (wie in *Schöne neue Welt)* auf irgendeine Insel verbannt werden, wo sie nicht weiter lästig fallen können, außer, natürlich, einer dem anderen. Aber allgemeines Konditionieren im Kindesalter und die anderen Verfahren des Manipulierens und Dirigierens liegen noch immer einige Generationen weit in der Zukunft. Unterwegs in die »schöne neue Welt« werden sich unsere Beherrscher auf die vorläufigen und übergangsweisen Verfahren der Gehirnwäsche verlassen müssen.

CHEMISCHE BEEINFLUSSUNG

In der »schönen neuen Welt« meiner Fabel gab es keinen Whisky, keinen Tabak, kein heimlich gehandeltes Heroin, kein geschmuggeltes Kokain. Die Menschen rauchten weder, noch tranken noch schnupften sie, noch gaben sie einander Spritzen; wann immer sich jemand niedergeschlagen oder unter pari fühlte, schluckte er eine oder zwei Tabletten eines chemischen, Soma genannten Präparats. Das ursprüngliche Soma, von welchem ich den Namen dieses hypothetischen Rauschmittels entlehnte, war eine unbekannte Pflanze (möglicherweise *Asclepias acida)*, welche von den alten arischen Eroberern Indiens bei einem ihrer feierlichsten religiösen Riten verwendet wurde. Der berauschende, aus den Stengeln dieser Pflanze gepreßte Saft wurde von den Priestern und Adeligen im Lauf einer umständlichen Zeremonie getrunken. In den Hymnen des Veda wird uns gesagt, daß die Somatrinker auf viele Weise gesegnet waren; ihr Körper wurde gestärkt, ihr Herz mit Mut, Freude und Begeisterung erfüllt, ihr Geist erleuchtet, und in einer unmittelbaren Erfahrung des ewigen Lebens empfanden sie die Versicherung ihrer Unsterblichkeit. Aber der geheiligte Saft hatte seine Nachteile. Soma war eine gefährliche Droge – so gefährlich, daß sogar der große Himmelsgott Indra manchmal erkrankte, wenn er sie getrunken hatte. Gewöhnliche Sterbliche konnten an einer zu großen Menge sogar sterben. Doch das Erlebnis war so überaus beseligend und erleuchtend, daß das Somatrinken für ein großes Vorrecht angesehen wurde. Für dieses Vorrecht war kein Preis zu hoch.

Das Soma der »schönen neuen Welt« hatte keinen der Nachteile seines indischen Originals. In kleineren Mengen brachte es ein Gefühl der Seligkeit, in größeren ließ es Visionen erscheinen, und wenn man drei Tabletten nahm, versank man binnen weniger Minuten in einen erfrischenden Schlaf. Und das alles ohne körperlichen oder geistigen Schaden. Die Bewohner der »schönen neuen Welt« konnten sich von ihren düsteren Stimmungen oder von den wohlvertrauten Ärgernissen des täglichen Lebens absentieren, ohne ihre Gesundheit zu opfern oder ihre Tüchtigkeit auf Dauer zu beeinträchtigen.

In der »schönen neuen Welt« war das Somanehmen kein privates Laster; es war eine politische Einrichtung, es war geradezu die Essenz von Leben, Freiheit und dem Streben nach Glück, gewährleistet durch die *Bill of Rights.* Aber dieses kostbarste aller unabdingbaren Rechte des Staatsbürgers war gleichzeitig eines der mächtigsten Beherrschungsmittel im Arsenal des Diktators. Das systematische Betäuben des einzelnen zum Wohl des Staates (und nebenbei natürlich zu seinem eigenen Genuß) war ein Hauptrequisit in der Politik der Weltaufsichtsräte. Die tägliche Somadosis war eine Versicherung gegen persönliche schlechte Anpassung, soziale Unruhe und die Verbreitung umstürzlerischer Ideen. Religion, so erklärte Marx, sei Opium fürs Volk. In der »schönen neuen Welt« war es umgekehrt. Opium, oder vielmehr Soma, war die Religion des Volkes. Wie die Religion, so hatte diese Droge die Macht, zu trösten und zu entschädigen, sie rief Visionen einer anderen, besseren Welt hervor, sie bot Hoffnung, stärkte den Glauben und förderte die Nächstenliebe. »Bier«, so schrieb ein Dichter,

> »viel besser, als Milton 's getan,
> Gottes Wege rechtfertigen kann.«

Und wir dürfen nicht vergessen, daß Bier, verglichen mit Soma, ein Rauschmittel gröbster und unverläßlichster Art ist. Wenn es darum geht, Gottes Wege vor den Menschen zu rechtfertigen, dann verhält sich Soma zu Alkohol wie Alkohol zu den theologischen Argumenten Miltons.

Im Jahre 1931, als ich von dem imaginären synthetischen Präparat schrieb, mittels dessen künftige Generationen sowohl glücklich als auch unterwürfig gemacht werden würden, bereitete der bekannte amerikanische Biochemiker Dr. Irvin Page seine Abreise aus Deutschland vor, wo er drei Jahre lang am Kaiser-Wilhelm-Institut die chemischen Prozesse des Gehirns erforscht hatte. »Es ist schwer zu verstehen«, schrieb Page jüngst in einer Abhandlung, »warum es so lange dauerte, bis die Wissenschaftler dahin gelangten, die chemischen Reaktionen in ihrem eigenen Gehirn zu untersuchen. Ich spreche«, fügte er hinzu, »aus eigenster persönlicher Erfahrung. Als ich 1931 heimkam ... konnte ich auf diesem Gebiet (dem der Gehirnchemie) keinen Arbeitsposten finden oder auch nur das geringste Interesse dafür erregen.« Heute, noch nicht dreißig Jahre später, ist das 1931 nicht vorhandene Interesse zu einer Flutwelle biochemischer und psycho-pharmakologischer Forschung angeschwollen. Die Enzyme, welche die Arbeit des Gehirns regulieren, werden eifrig erforscht. Im Körper sind bisher unbekannte chemische Substanzen wie Adrenochrom und Serotonin (deren Mitentdecker Page war) gefunden und isoliert worden, und ihre weitreichenden Wirkungen auf unsere geistigen und körperlichen Funktionen werden nun untersucht. Mittlerweile werden neue Drogen synthetisch hergestellt – Drogen, welche die Wirkungen verschiedener chemischer Substanzen verstärken oder korrigieren oder hindern, mittels derer das Nervensystem seine täglichen und stündlichen Wunder als Kontrollorgan des Körpers, als Werkzeug und Mittler des Bewußtseins vollbringt. Von unserem gegenwärtigen Blickpunkt gesehen, ist das Interessanteste an diesen neuen Präparaten, daß sie zeitweilig die chemische Beschaffenheit des Gehirns und den zugehörigen Geisteszustand verändern, ohne dem Organismus als Ganzem irgendeinen dauernden Schaden zuzufügen. In dieser Hinsicht gleichen sie dem Soma – und ganz und gar nicht den geistesverändernden Drogen der Vergangenheit. Das klassische Beruhigungsmittel, zum Beispiel, ist Opium. Aber Opium ist eine gefährliche Droge, welche seit der neueren Steinzeit bis herauf in unsere Tage die Menschen süchtig gemacht und ihre Gesundheit ruiniert hat. Dasselbe gilt von dem klassischen Euphorikon, dem Alkohol – dem Rauschmittel, das mit den Worten des Psalms »das Herz des Menschen erfreut«. Unglückseligerweise aber erfreut der Alkohol das Menschenherz nicht nur; er verursacht, im Übermaß genossen, Krankheit und Süchtigkeit und ist seit acht- oder zehntausend Jahren die Hauptquelle von Verbrechen, häuslichem Unfrieden, sittlicher Verkommenheit und vermeidbaren Unfällen.

Unter den klassischen Anregungsmitteln sind Tee, Kaffee und Mate glücklicherweise fast völlig harmlos. Sie sind auch sehr schwache Anregungsmittel. Im Gegensatz zu diesen »Getränken, die beleben, nicht betäuben«, ist Kokain ein sehr starkes und sehr gefährliches Rauschgift. Diejenigen, die Gebrauch davon machen, müssen für ihre Ekstasen, ihr Gefühl, unbegrenzte körperliche und geistige Kräfte zu besitzen, schwer bezahlen: mit Zeiten qualvoller Niedergeschlagenheit, mit so gräßlichen körperlichen Symptomen wie der Empfindung, von Myriaden krabbelnder Insekten überlaufen zu werden, und mit Wahnvorstellungen, welche zu Gewaltverbrechen führen können. Ein anderes Stimulans eines jüngeren Jahrgangs ist das Amphetamin, besser bekannt unter seinem handelsüblichen Namen Benzedrin. Aphetamin ist sehr wirksam – aber, bei Mißbrauch, auf Kosten der geistigen und körperlichen Gesundheit. Schätzungsweise gibt es in Japan heute etwa eine Million Amphetaminsüchtige.

Von den klassischen Visionenerzeugern sind die bekanntesten das Peyote Mexikos und der Südweststaaten der USA und der Indische Hanf, in der ganzen Welt unter dem Namen Haschisch, Bhang, Kif oder Marihuana genossen. Den besten medizinischen und anthropologischen Gewährs-

männern nach ist Peyote viel weniger schädlich als des Weißen Mannes Gin oder Whisky. Es erlaubt den Indianern, welche es bei ihren religiösen Riten verwenden, ins Paradies einzugehen und sich mit der geliebten Gemeinschaft eins zu fühlen, ohne sie für dieses Vorrecht mit etwas Schlimmerem bezahlen zu lassen als der Peinlichkeit, etwas, das einen höchst widerlichen Geschmack hat, kauen zu müssen und sich ein oder zwei Stunden lang einigermaßen angeekelt zu fühlen. *Cannabis indica* ist eine weniger unschuldige Droge – wenngleich nicht annähernd so schädlich, wie die Sensationskrämer uns glauben machen möchten. Der Ärzteausschuß, den 1944 der Bürgermeister von New York zur Untersuchung des Marihuanaproblems einsetzte, kam nach sorgfältiger Untersuchung zu dem Schluß, *Cannabis indica* sei keine ernsthafte Bedrohung der Gesellschaft oder auch nur der Leute, die sich seinem Genuß hingeben. Es sei bloß ein öffentliches Ärgernis.
Von diesen klassischen Geistveränderern gehen wir nun zu den neuesten Produkten der psycho-pharmakologischen Forschung über. Am meisten in der Öffentlichkeit angepriesen werden unter diesen die drei neuen Beruhigungsmittel Reserpin, Chlorpromazin und Meprobamat. Bei gewissen Klassen von Psychopathen angewendet, haben sich die beiden ersten als bemerkenswert wirksam erwiesen, nicht indem sie Geisteskrankheit heilen, sondern indem sie deren unangenehmere Symptome, zumindest zeitweilig, zum Schwinden bringen. Meprobamat (auch Miltown genannt) erzielt ähnliche Wirkungen bei Patienten, welche an verschiedenen Formen von Neurose leiden. Keines dieser Mittel ist völlig harmlos; aber ihr Preis, in körperlicher Gesundheit und geistiger Leistungsfähigkeit ausgedrückt, ist außerordentlich gering. In einer Welt, in welcher niemand etwas umsonst bekommt, bieten Beruhigungsmittel sehr viel für sehr wenig. Miltown und Chlorpromazin sind noch nicht Soma; aber sie kommen gewissen Eigenschaften dieses mythischen Präparats ziemlich nahe. Sie gewähren zeitweilige Befreiung von nervöser Spannung, ohne in der

großen Mehrzahl der Fälle dauernden organischen Schaden zuzufügen und ohne mehr als eine ziemlich leichte Beeinträchtigung der geistigen und körperlichen Fähigkeiten während ihrer Wirkung zu verursachen. Ausgenommen als Narkotika, sind sie wahrscheinlich den Barbituraten vorzuziehen, welche die scharfe Schneide des Geistes abstumpfen und, in großen Mengen genommen, eine Anzahl unerwünschter psycho-physischer Symptome hervorrufen und zu ausgesprochener Süchtigkeit führen können.

Mit dem LSD-25 (Lysergsäurediäthylamid) haben die Pharmakologen jüngst einen anderen Eigenschaftskomplex des Somas geschaffen – einen Wahrnehmungsverbesserer und Visionenerzeuger heißt das, welcher, physiologisch gesprochen, fast risikolos ist. Dieses bemerkenswerte Präparat, das schon in so kleinen Dosierungen wie 50 oder sogar nur 25 Millionsteln eines Gramms wirksam ist, vermag (gleich dem Peyote) Menschen in eine andere Welt zu versetzen. In der Mehrzahl der Fälle ist diese Welt, zu der LSD-25 Zutritt verschafft, himmlisch; in einigen kann sie fegefeuergleich oder sogar höllisch sein. Aber ob positiv oder negativ, das Lysergsäureerlebnis wird fast von jedermann, der sich ihm unterzieht, als hochbedeutsam und erleuchtend empfunden. Auf jeden Fall ist die Tatsache, daß der Geist so gründlich und mit so wenig Kosten für den Körper verändert werden kann, ganz und gar erstaunlich.

Mein Soma war nicht nur ein Visionen hervorrufendes und ein beruhigendes Mittel; es war auch (und zweifellos unmöglicherweise) ein Stimulans für Geist und Körper und bewirkte sowohl aktive Euphorie als auch die negative Glückseligkeit, die der Befreiung von Angst und Spannung folgt.

Das ideale, kräftige, aber unschädliche Anregungsmittel erwartet noch seine Entdeckung. Amphetamin ist, wie wir gesehen haben, noch lange kein befriedigendes; es fordert einen zu hohen Preis für das, was es bietet. Ein mehrversprechender Kandidat für die Rolle des Somas in dessen

dritter Funktion ist Iproniazid, das heute dazu verwendet wird, deprimierte Kranke ihrem Elend zu entreißen, apathische zu beleben und im allgemeinen die verfügbare seelische Energie aller zu vermehren. Noch mehr verspricht, dem Zeugnis eines hervorragenden Pharmakologen meiner Bekanntschaft nach, ein neues Präparat, welches sich noch im Versuchsstadium befindet und Deaner heißen wird. Deaner ist ein Amino-Alkohol, von dem angenommen wird, daß es die Erzeugung von Azetylcholin im Körper steigert und dadurch auch die Tätigkeit und Leistungsfähigkeit des Nervensystems. Wer die neue Pille schluckt, braucht weniger Schlaf, fühlt sich frischer und zuversichtlicher, denkt schneller und besser – und das alles, zumindest auf kurze Dauer, fast ohne organische Risiken. Es klingt fast zu schön, um wahr zu sein.
Wir sehen also, daß es zwar mein Soma noch nicht gibt (und wahrscheinlich nie geben wird), daß aber ziemlich gute Ersatzmittel für die verschiedenen Wirkungen des Somas schon entdeckt worden sind. Es gibt heute physiologisch billige Beruhigungsmittel, physiologisch billige Visionenerzeuger und physiologisch billige Anregungsmittel. Daß ein Diktator, wenn er wollte, zu politischen Zwecken von diesen Präparaten Gebrauch machen könnte, liegt auf der Hand. Er könnte sich gegen politische Unruhen sichern, indem er den chemischen Zustand der Gehirne seiner Untertanen änderte und sie so mit ihrem Sklavendasein aussöhnte. Er könnte Beruhigungsmittel benutzen, um die Aufgeregten zu beschwichtigen, Anregungsmittel, um Begeisterung in den Gleichgültigen zu erwecken, und halluzinatorische Mittel, um die Aufmerksamkeit der Elenden von ihrem Elend abzulenken. Aber wie, so fragt man sich wohl, wird der Diktator seine Untertanen dahin bringen, diese Pillen zu schlucken, die sie so denken, fühlen und handeln machen werden, wie er für wünschenswert erachtet? Aller Wahrscheinlichkeit nach wird es genügen, diese Pillen bloß erhältlich zu machen. Heutzutage sind Alkohol und Tabak allgemein erhältlich, und die Menschen geben

beträchtlich mehr für diese sehr unbefriedigenden Euphorika, Pseudostimulantien und Sedativa aus, als sie für die Erziehung ihrer Kinder auszugeben bereit sind. Oder man betrachte die Barbiturate und die Beruhigungsmittel. In den USA sind diese Präparate nur auf ärztliche Verschreibung erhältlich. Aber die Nachfrage des amerikanischen Publikums nach etwas, das das Leben in einer städtisch-industriellen Umwelt ein wenig erträglicher machen würde, ist so groß, daß die Ärzte nun Rezepte für die verschiedenen Beruhigungsmittel bis zur Summe von achtundvierzig Millionen im Jahr schreiben. Überdies wird die Mehrzahl dieser Rezepte mehr als einmal ausgefertigt. Ein Hundert Dosierungen von Glückseligkeit ist nicht genug: Laß aus dem Drugstore noch eine Flasche holen – und, wenn die zu Ende ist, wieder eine ... Fest steht, daß Beruhigungsmittel, wenn sie so leicht und billig zu kaufen wären wie Aspirin, nicht, wie gegenwärtig, millionenweise verbraucht würden, sondern milliardenweise. Und ein gutes, billiges Anregungsmittel wäre fast ebenso beliebt.

Unter einer Diktatur würden bei jeder Veränderung der Umstände die Apotheker angewiesen werden, ihre Tonart zu ändern. In Zeiten nationaler Krise wäre es ihre Aufgabe, den Verkauf von Anregungsmitteln zu steigern. Zwischen Krisen aber könnten zuviel Lebhaftigkeit und Energie der Untertanen dem Tyrannen recht unangenehm werden. In solchen Zeiten würden die Massen dringend ermahnt werden, beruhigende und Visionen erzeugende Mittel zu kaufen. Unter dem Einfluß dieser Beschwichtigungssirupe würden sie ganz gewiß ihrem Herrn und Meister keine Unannehmlichkeiten bereiten.

Wie die Dinge heute liegen, können Beruhigungsmittel manche Leute daran hindern, nicht nur ihren Herrschern, sondern auch sich selbst genug Unannehmlichkeiten zu bereiten. Zu viel Spannung ist ein Krankheitszustand; das gilt aber auch für zu wenig Spannung. Es gibt gewisse Gelegenheiten, wo wir angespannt sein sollten, wo ein Übermaß an Gelassenheit (und besonders einer von außen,

durch ein chemisches Präparat aufgezwungenen Ruhe und Gelassenheit) völlig unangebracht ist.
Bei einer unlängst veranstalteten Konferenz über Meprobamat, an welcher ich teilnahm, schlug ein berühmter Biochemiker scherzweise vor, die Regierung der USA sollte den Sowjetvölkern fünf Milliarden Portionen dieses beliebtesten Beruhigungsmittels zum Geschenk machen. Der Scherz hatte auch seine ernste Seite. Aus einem Wettstreit zwischen zwei Völkern, von denen das eine unaufhörlich durch Drohungen und Versprechungen erregt und beständig durch einseitige Propaganda gelenkt wird, während das andere nicht weniger beständig durch Fernsehen abgelenkt und durch Miltown beruhigt wird – welcher der beiden Gegner wird da wohl eher als Sieger hervorgehen?
Nicht nur beruhigend, halluzinierend und stimulierend wirkte das Soma meiner Fabel, es vermochte auch die Beeinflußbarkeit zu erhöhen und konnte so dazu verwendet werden, die Wirkungen der Regierungspropaganda zu verstärken. Mehrere Präparate, welche bereits in der Pharmakopöe stehen, können, weniger wirksam und mit größeren physiologischen Risiken, für denselben Zweck verwendet werden. Da gibt es zum Beispiel das Scopolamin, den Wirkstoff des Bilsenkrauts, in großen Mengen ein starkes Gift; da gibt es ferner Pentothal und Natriumamytal. Pentothal, aus irgendeinem wunderlichen Grund »das Wahrheitsserum« genannt, ist von der Polizei verschiedener Länder dazu benutzt worden, widerspenstigen Verbrechern Geständnisse zu entlocken (oder sie ihnen vielleicht zu suggerieren). Pentothal und Natriumamytal senken die Schranke zwischen Bewußtsein und Unterbewußtsein und sind von Bedeutung bei der Behandlung von »Kampfmüdigkeit« mittels eines Verfahrens, das in England als »Abreagierungstherapie«, in den USA als »Narkosynthese« bekannt ist. Es wird behauptet, daß diese Präparate manchmal von den Kommunisten verwendet werden, wenn sie wichtige Häftlinge für das öffentliche Erscheinen im Gerichtssaal vorbereiten.

Mittlerweile sind Pharmakologie, Biochemie und Neurologie auf dem Vormarsch, und wir können ganz gewiß sein, daß sie im Lauf der nächsten paar Jahre neue und bessere chemische Verfahren entdecken werden, die Beeinflußbarkeit zu erhöhen und psychische Widerstände herabzusetzen. Wie alles andere, können auch diese Entdeckungen zum Guten oder zum Schlechten verwendet werden. Sie können den Psychiater bei seinem Kampf gegen die Geisteskrankheiten unterstützen, sie können aber auch dem Diktator bei seinem Kampf gegen die Freiheit helfen. Wahrscheinlich werden sie (da die Wissenschaft göttlich unparteiisch ist) beides tun, versklaven und befreien, heilen und gleichzeitig vernichten.

UNBEWUSSTE BEEINFLUSSUNG

In einer Fußnote zur 5. Auflage (1919) seiner *Traumdeutung* wies Freud auf die Arbeiten Dr. Otto Pötzls hin, eines österreichischen Neurologen, der kurz vorher eine Abhandlung veröffentlicht hatte, worin er seine Versuche mit dem Tachistoskop beschrieb. (Das Tachistoskop ist ein Apparat, den es in zwei Ausführungen gibt – als Guckkasten, in welchem die Versuchsperson auf ein Bild blickt, das ihr für den Bruchteil einer Sekunde gezeigt wird, oder als Laterna magica mit einem Schnellverschluß, die ein Bild für ganz kurze Dauer auf einen Schirm werfen kann.) Bei diesen Versuchen »ließ Pötzl verschiedene Versuchspersonen in Zeichnungen festhalten, was sie von einem tachistoskopisch exponierten Bild bewußt erfaßt hatten ... Er untersuchte dann den Traum der Versuchsperson in der Folgenacht und ließ geeignete Passagen dieses Traums gleichfalls durch eine Zeichnung darstellen. Es ergab sich dann unverkennbar, daß die *nicht* von der Versuchsperson erfaßten Einzelheiten des exponierten Bildes Material für die Traumbildung geliefert hatten ...«

Mit verschiedenen Abänderungen und Verfeinerungen wurden Pötzls Versuche mehrmals wiederholt, zuletzt von Charles Fischer, der drei vorzügliche Abhandlungen über Träume und »vorbewußte Wahrnehmung« zum *Journal of the American Psychoanalytic Association* beigetragen hat. Mittlerweile waren die akademischen Psychologen nicht müßig. Ihre Arbeiten haben die Resultate Pötzls bestätigt und gezeigt, daß die Menschen tatsächlich beträchtlich mehr sehen und hören, als sie bewußt und wissentlich sehen und hören, und daß das, was sie sehen und hören, ohne es zu wissen, vom Unterbewußtsein festgehalten wird und ihr bewußtes Denken, Fühlen und Verhalten beeinflußt. Reine Wissenschaft bleibt nicht ewig rein. Früher oder später wird sie sich in angewandte Wissenschaft und schließlich in Technologie verwandeln. Die Theorie geht ein in die industrielle Praxis, Wissen wird Macht, Formeln und Laboratoriumsversuche machen eine Metamorphose durch und kommen als Wasserstoffbombe zum Vorschein. Im vorliegenden Fall bewahrten sich Pötzls hübsches Stückchen reiner Wissenschaft und alle die anderen hübschen Stückchen reiner Wissenschaft auf dem Gebiet vorbewußter Wahrnehmung erstaunlich lange ihre ursprüngliche Reinheit. Dann, im Frühsommer 1957, genau vierzig Jahre nach der Veröffentlichung jener Abhandlung Pötzls, wurde bekanntgegeben, daß diese Reinheit der Vergangenheit angehöre; die Forschungsergebnisse waren angewendet worden, sie waren in den Bereich der Technologie eingegangen. Diese Bekanntgabe rief beträchtliches Aufsehen hervor, und in der ganzen zivilisierten Welt wurde über sie geredet und geschrieben. Kein Wunder, denn die »subliminale Projektion«, wie das neue Verfahren genannt wurde, war innig verbunden mit Massenunterhaltung, und im Leben des zivilisierten Menschen spielt die Massenunterhaltung heute eine Rolle, welche sich nur derjenigen der Religion im Mittelalter vergleichen läßt. Unser Zeitalter hat viele Beinamen bekommen – das Zeitalter der Angst, das Atomzeitalter, das Weltraumzeitalter. Es könnte mit ebenso gutem Grund das Zeitalter der Fernsehsüchtigkeit, der Schnulzenoper und des Disc-Jockeys genannt werden. In einem solchen Zeitalter konnte die Meldung, daß Pötzls reine Wissenschaft in Form eines Verfahrens für unterschwellige Projektion angewandt worden war, nicht verfehlen, intensivstes Interesse bei den unterhaltenen Massen der Welt zu erregen. Denn das neue Verfahren war unmittelbar für sie bestimmt. Und sein Zweck war, ihre Gehirne zu manipulieren, ohne daß sie sich dessen bewußt wären, was mit ihnen geschah. Mittels eigens entworfener Tachistoskope sollten Worte und Bilder für das Tausendstel einer Sekunde oder noch weniger auf die Schirme der Fernsehapparate und die Leinwand der Kinos geworfen werden, *während* das Programm ablief (nicht etwa vorher oder nachher).

»Trink Coca-Cola!« oder »Zünd dir eine Camel an!« sollte der Umarmung des Liebespaars, den Tränen der Mutter mit dem gebrochenen Herzen mittels Überblendens aufgedruckt werden, und die Sehnerven der Zuschauer würden diese geheimen Botschaften aufbewahren, ihr Unterbewußtes würde auf sie reagieren, und zu gegebener Zeit würden sie bewußt nach der Colaflasche oder nach Tabak lechzen. Und dazwischen würden andere geheime Botschaften, zu leise für bewußtes Hören, geflüstert, oder zu schrill dafür, gequiekt werden. Bewußt würde der Zuhörer seine Aufmerksamkeit etwa einer Phrase wie »Mein Engel, ich liebe dich!« schenken; aber unterhalb der Bewußtseinsschwelle würden seine unglaublich empfindlichen Ohren und sein unterbewußter Geist die frohe Botschaft der Geburt des neuesten Deodorants oder Laxativs vernehmen.

Ist diese Art der kommerziellen Propaganda wirklich effizient? Das von der Handelsfirma, die als erste ein Verfahren für subliminale Projektion enthüllte, beigebrachte Beweismaterial war indifferent und, wissenschaftlich betrachtet, sehr unbefriedigend. Der Befehl, mehr Puffmais zu kaufen, in regelmäßigen Abständen wiederholt, wäh-

rend in einem Kino ein Film gezeigt wurde, soll angeblich in der Pause eine Steigerung des Puffmaisverkaufs um 50% zum Ergebnis gehabt haben. Aber ein einzelner Versuch beweist sehr wenig. Überdies wurde gerade dieser Versuch auf eine sehr unzulängliche Weise angestellt. Es gab dabei keine Kontrollversuche, es wurde gar keine Rücksicht auf die vielen veränderlichen Umstände genommen, die zweifellos den Puffmaisverbrauch einer Zuschauerschaft beeinflussen könnten. Und war dies überhaupt die wirksamste Art, das von den wissenschaftlichen Erforschern der unterbewußten Wahrnehmung in vielen Jahren angesammelte Wissen anzuwenden? War es an sich wahrscheinlich, daß man, indem man bloß den Namen eines Erzeugnisses und einen Befehl, es zu kaufen, blitzartig auf die Leinwand warf, imstande wäre, den Käuferwiderstand zu besiegen und neue Kunden zu werben? Die Antwort auf diese beiden Fragen ist doch ziemlich offenkundig ein Nein. Das heißt aber selbstverständlich nicht, daß die Entdeckungen der Neurologen und Psychologen ohne jede praktische Konsequenz seien. Geschickt angewandt, könnte Pötzls hübsches Stückchen reiner Wissenschaft ganz gut ein machtvolles Werkzeug für die Manipulation nichts argwöhnender Gemüter werden.
Um in dieser Hinsicht einige erhellende Hinweise zu erhalten, wollen wir uns nun von den Puffmaisverkäufern denjenigen zuwenden, die mit weniger Lärm, aber mehr Vorstellungsgabe und besseren Methoden, auf demselben Gebiet experimentiert haben. In Großbritannien, wo das Verfahren, Gemüter unterhalb der Bewußtseinsschwelle zu manipulieren, als »strobonische Injektion« bekannt ist, haben Forscher auf die technische Bedeutung des Schaffens geeigneter psychologischer Bedingungen für unterbewußte Suggestion hingewiesen. Eine Suggestion oberhalb der Bewußtseinsschwelle tut eher ihre Wirkung, wenn der Empfänger in einer leichten hypnotischen Trance ist oder unter dem Einfluß gewisser Drogen steht oder durch Krankheit, Nahrungsmangel oder irgendeine Art von körperlichem

oder seelischem *stress* geschwächt ist. Was aber für Suggestionen oberhalb der Bewußtseinsschwelle gilt, trifft auch auf Suggestionen unterhalb dieser Schwelle zu. Mit einem Wort, je niedriger der Widerstandsspiegel einer Person, desto größer die Wirksamkeit strobonisch injizierter Suggestionen. Der wissenschaftlich ausgebildete Diktator von morgen wird seine Flüstermaschinen und seine Apparate für subliminale Projektion in Schulen und Krankenhäusern (Kinder und Kranke sind in hohem Maß suggestibel) und auf allen öffentlichen Plätzen aufstellen, wo eine Zuhörerschaft mittels suggestibilitätserhöhender Redekünste oder Rituale vorbereitend mürbe gemacht werden kann.

Von den Bedingungen, unter welchen man erwarten darf, daß subliminale Suggestion erfolgreich sein wird, wenden wir uns nun den Suggestionen selbst zu. In welcher Sprache sollte sich der Propagandist an das Unterbewußtsein seiner Opfer wenden? Unmittelbare Befehle (»Kauft Puffmais!« oder »Wählt Jones!«) und bloße Behauptungen (»Sozialismus stinkt« oder »X-Zahnpasta beseitigt üblen Mundgeruch«) werden wahrscheinlich nur auf solche Gemüter wirken, die bereits für Jones oder Puffmais eingenommen sind oder sich bereits der Gefahren üblen Körpergeruchs und der im Besitz der Allgemeinheit befindlichen Produktionsmittel bewußt sind. Aber den bestehenden Glauben zu stärken, genügt nicht. Wenn der Propagandist sein Geld wert ist, muß er einen neuen Glauben schaffen, muß er wissen, wie er die Gleichgültigen und die Unentschiedenen auf seine Seite bringen kann, muß er fähig sein, die Feindseligen zu besänftigen und vielleicht sogar zu bekehren. Er weiß, daß er den subliminalen Behauptungen und Befehlen die subliminale Überredung hinzufügen muß.

Oberhalb der Bewußtseinsschwelle ist eine der wirksamsten Methoden nichtrationaler Überredung diejenige, die man Überredung durch Assoziation nennen könnte. Der Propagandist assoziiert willkürlich das bestimmte Erzeugnis, den Kandidaten oder die Sache, für die er sich einsetzt, mit einer Idee, Person oder Sache, welche von den meisten Leuten in einem gegebenen Kulturkreis fraglos positiv eingeschätzt wird. So kann in einem Werbefeldzug weibliche Schönheit willkürlich mit allem und jedem, angefangen von einem Geländebagger bis zu einem harntreibenden Mittel, assoziiert werden; in einer politischen Kampagne kann Patriotismus mit jedem beliebigen Ziel, sei es Apartheid, sei es Integration, und mit jeder Art von Person, sei sie ein Mahatma Gandhi, sei sie ein Senator McCarthy, verknüpft werden. Vor Jahren beobachtete ich in Mittelamerika ein Beispiel von Überredung durch Assoziation, welches mich mit einer entsetzten Bewunderung für die Männer erfüllte, die es erdacht hatten. In den Bergen Guatemalas sind die einzigen importierten Kunstwerke die gratis verteilten bunten Kalender der ausländischen Firmen, deren Erzeugnisse an die Indianer verkauft werden. Die Kalender aus den USA zeigten Bilder von Hunden, von Landschaften, von junger Weiblichkeit im Zustand teilweiser Nacktheit. Für den Indianer sind aber Hunde bloß Nutzobjekte, Landschaften etwas, wovon er jeden Tag seines Lebens nur allzuviel sieht, und halbnackte Blondinen sind für ihn uninteressant, vielleicht sogar ein wenig abstoßend. Amerikanische Kalender waren daher viel weniger beliebt als deutsche; denn die deutschen Versender hatten sich die Mühe genommen, herauszufinden, was Indianer schätzen und wofür sie sich interessieren. Ich erinnere mich besonders eines wahren Meisterstücks kommerzieller Propaganda. Es war ein Kalender, welcher von einem Aspirinhersteller versandt wurde. Am Fuß des Bilds sah man die wohlbekannte Schutzmarke auf dem wohlbekannten Fläschchen mit den weißen Tabletten. Darüber waren keine Schneelandschaften oder Herbstwälder zu sehen, keine Cockerspaniels oder vollbusigen Revuegirls. Nein – die listigen Deutschen hatten die schmerzstillenden Tabletten mit einem grellbunten und äußerst lebensähnlichen Bild der Heiligen Dreifaltigkeit assoziiert, welche auf einer Kumuluswolke saß, umgeben vom heiligen Josef, der

Jungfrau Maria, assortierten Heiligen und einer großen Zahl von Engeln. Die wunderbaren Eigenschaften der Azetylsalizylsäure waren so in den schlichten und tiefreligiösen Gemütern durch Gottvater und alle himmlischen Heerscharen garantiert.
Diese Art von Überredung durch Assoziation ist etwas, wofür sich die Verfahren subliminaler Projektion ganz besonders zu eignen scheinen. Aus einer Versuchsreihe, welche an der Universität von New York unter den Auspizien des Nationalen Gesundheitsamts durchgeführt wurde, ergab sich, daß sich die durch ein bewußt gesehenes Bild hervorgerufenen Gefühle eines Menschen verändern ließen, indem man es ihm in seinem Unterbewußtsein mit einem anderen Bild assoziierte oder, besser noch, mit wertenden Wörtern. So schien ein leeres, ausdrucksloses Gesicht, auf der Ebene des Unterbewußten mit dem Wort »glücklich« assoziiert, dem Wahrnehmenden zu lächeln, freundlich, liebenswürdig, entgegenkommend dreinzusehen. Wenn dasselbe Gesicht, ebenfalls auf der Ebene des Unterbewußten, mit dem Wort »zornig« assoziiert wurde, nahm es einen abstoßenden Ausdruck an und schien dem Wahrnehmenden feindselig und unangenehm geworden zu sein. (Einer Gruppe junger Frauen schien es auch sehr männlich zu werden – wogegen es ihr, wenn es mit »glücklich« assoziiert wurde, als das Gesicht einer Person ihres eigenen Geschlechts erschien. Väter und Ehemänner, bitte notieren!) Für den kommerziellen und politischen Propagandisten sind diese Ergebnisse – das liegt auf der Hand – höchst bedeutungsvoll. Wenn er seine Opfer in einen Zustand abnorm hoher Beeinflußbarkeit versetzen kann, wenn er ihnen, während sie in diesem Zustand sind, das Ding oder die Person oder durch ein Symbol die gute oder schlechte Sache, die er zu verkaufen hat, zeigen und auf der Ebene des Unterbewußten dieses Ding, diese Person oder dieses Symbol mit einem wertenden Wort oder Bild verknüpfen kann, wird er vielleicht vermögen, ihre Gefühle und Meinungen zu verändern, ohne daß sie eine Ahnung

haben, was er tut. Es soll laut der Behauptung einer unternehmungslustigen Werbefirma in New Orleans möglich sein, den Unterhaltungswert von Filmen und Fernsehstükken durch Anwendung dieser Technik zu erhöhen. Leute empfinden gern starke Gemütsbewegungen und genießen daher bevorzugt Tragödien, Reißer, geheimnisvolle Mordgeschichten und Melodramen. Die Dramatisierung einer Rauferei oder einer Umarmung ruft im Zuschauer starke Gemütsbewegungen hervor. Sie könnte sogar noch stärkere hervorrufen, wenn sie auf der Ebene des Unterbewußten mit passenden Wörtern oder Symbolen assoziiert würde. Zum Beispiel könnte in der Filmfassung von Hemingways *In einem anderen Land* der Tod der Heldin bei der Geburt ihres Kindes dadurch noch betrüblicher gemacht werden, als er schon ist, daß, während diese Szene spielt, subliminal wieder und wieder solch ominöse Wörter wie »Schmerz«, »Blut« und »Tod« auf die Leinwand geblinkt würden. Bewußt würden diese Wörter nicht gesehen; aber ihre Wirkung auf das Unterbewußtsein könnte sehr groß sein, und diese Wirkung könnte die auf der Ebene des Bewußtseins durch die Mimik und den Dialog hervorgerufenen Gemütsbewegungen eindringlich verstärken. Wenn, wie es ziemlich gewiß zu sein scheint, subliminale Projektion die Gemütsbewegungen der Kinobesucher konsequent verstärken kann, ist die Filmindustrie vielleicht doch noch vor dem Bankrott zu retten – das heißt, wenn die Produzenten von Fernsehsendungen damit nicht früher zur Stelle sind.

Im Licht dessen, was hier über Überredung durch Assoziation und die Verstärkung von Gemütsbewegungen durch unterschwellige Suggestion gesagt worden ist, wollen wir nun versuchen, uns vorzustellen, wie eine politische Versammlung von morgen aussehen wird. Der Kandidat (wenn es überhaupt noch Kandidaten geben wird) oder der bestellte Vertreter der herrschenden Oligarchie wird seine Rede so halten, daß alle sie hören können. Unterdessen werden die Tachistoskope, die Flüster- und Quiekmaschinen, die Projektionsapparate für so schwache Bilder, daß nur das Unterbewußtsein sie wahrnehmen kann, das, was er sagt, durch systematisches Assoziieren des Mannes und der Sache, die er verficht, mit positiv besetzten Wörtern und geheiligten Bildern verstärken und durch strobonisches Injizieren negativ besetzter Wörter und verhaßter Symbole, wann immer er die Feinde des Staats oder der Partei erwähnt. In den USA werden Bilder Abraham Lincolns und die Worte »Regierung durch das Volk« blitzartig auf die Rednertribüne projiziert werden. In Rußland wird der Redner natürlich mit blitzartig aufleuchtenden Bildern Lenins, mit dem Wort »Volksdemokratie « und dem Prophetenbart Vater Marxens assoziiert werden. Weil das alles noch hübsch ungefährlich in der Zukunft ruht, können wir es uns leisten, zu lächeln. In zehn oder zwanzig Jahren wird es wahrscheinlich weit weniger belustigend erscheinen, denn was heute bloß »science fiction« ist, wird dann alltägliche politische Realität geworden sein.

Pötzl war eines der Vorzeichen, die ich, als ich *Schöne neue Welt* schrieb, aus irgendeinem Grund übersah. In meiner Fabel findet sich keine Anspielung auf subliminale Projektion. Es ist eine Unterlassungssünde, die ich, wollte ich das Buch heute überarbeiten, ganz gewiß berichtigen würde.

HYPNOPÄDIE

Im Spätsommer 1957 wurde das Woodland Road Camp, eine Strafanstalt im Landkreis Tulare in Kalifornien, der Schauplatz eines merkwürdigen und interessanten Versuchs. Miniaturlautsprecher wurden unter die Kopfkissen einer Gruppe von Strafgefangenen getan, die sich freiwillig als psychologische Versuchskaninchen gemeldet hatten. Jeder dieser Kopfkissenleisesprecher oder Flüsterapparate war mit einem Plattenspieler im Büro des Direktors verbunden. Während der ganzen Nacht wiederholte stündlich ein inspiratorisches Flüstern eine kurze Homilie über

»die Grundsätze moralischen Lebenswandels«. Um Mitternacht erwachend, hörte ein Sträfling dieses leise Stimmchen etwa die Kardinaltugenden preisen oder in Vertretung seines besseren Ichs murmeln: »Ich bin von Liebe und Mitgefühl für alle erfüllt, so wahr mir Gott helfe!« Nachdem ich von dem Woodland Road Camp gelesen hatte, sah ich mir daraufhin das zweite Kapitel meiner *Schönen neuen Welt* an. In diesem Kapitel erklärt der Direktor der Brut- und Normanstalt für Westeuropa einer Gruppe angehender Normer und Brüter das Funktionieren dieses staatlich geleiteten Systems ethischer Erziehung, das im 7. Jahrhundert n. F. als Hypnopädie bekannt ist. Die frühesten Versuche mit Schlafunterricht, so sagt der Direktor seiner Zuhörerschaft, waren auf falscher Spur und daher erfolglos. Die Erzieher hatten versucht, ihren schlummernden Zöglingen geistige Bildung zu vermitteln. Aber geistige Tätigkeit verträgt sich nicht mit Schlaf. Die Hypnopädie hatte erst dann Erfolg, als sie für die sittliche Bildung verwendet wurde – mit anderen Worten, für das Konditionieren oder Normen des Verhaltens durch verbale Suggestion zur Zeit herabgesetzten psychischen Widerstands. »Reflexnormung ohne Worte ist grobschlächtig und summarisch, sie vermag kein feineres Unterscheidungsgefühl zu verleihen, nicht das richtige Benehmen in schwierigen Lebenslagen einzuschärfen, wie der Staat es verlangt. Dazu braucht es Worte, jedoch Worte ohne Sinn ...«, die Art von Worten, die zu ihrem Verständnis keiner Analyse bedürfen, sondern ganz und gar vom schlafenden Gehirn geschluckt werden können. Das ist wahre Hypnopädie, »das beste Mittel zur Stärkung der sittlichen und sozialen Gefühle, das es je gegeben hat«. In der »schönen neuen Welt« hatte man nie Schwierigkeiten mit einem den unteren Kasten angehörenden Bürger. Warum? Weil von dem Augenblick an, wo es sprechen und verstehen konnte, was zu ihm gesprochen wurde, jedes Kind der unteren Kasten Nacht für Nacht während der Stunden der Schläfrigkeit und des Schlafs endlos wiederholten Einflüsterungen ausgesetzt war. Diese Suggestionen waren »wie Tropfen flüssigen Siegelwachses, die kleben, sich verkrusten und mit dem, worauf sie fallen, verschmelzen, bis der Felsblock ein einziger scharlachroter Klumpen ist. Bis schließlich der Geist des Kindes aus lauter solchen Einflüsterungen besteht und die Summe dieser Einflüsterungen den Geist des Kindes bildet. Und nicht nur den des Kindes, auch den des Erwachsenen – Zeit seines Lebens. Der urteilende, begehrende, abwägende Verstand – er ist aus diesen Einflüsterungen aufgebaut. Und alle diese Einflüsterungen sind *unsere* Einflüsterungen – Einflüsterungen des Staats . . .«

Bis heute sind, soviel ich weiß, keine beträchtlicheren hypnopädischen Einflüsterungen von irgendeinem Staat verabreicht worden als die im Landkreis Tulare. Und gegen die Art der dort an Gesetzesbrecher gerichteten hypnopädischen Suggestionen läßt sich nichts einwenden. Wenn doch wir alle und nicht nur die Insassen von Woodland Road Camp während unseres Schlafes mit Liebe und Mitgefühl für alle vollgefüllt werden könnten! Nein, es ist nicht die durch das inspiratorische Geflüster vermittelte Lehre, wogegen man Einwände erhebt; sondern das Prinzip eines Schlafunterrichts durch Funktionäre des Staates. Ist die Hypnopädie die Art von Mittel, die Beamten, denen die Ausübung der Autorität in einer demokratischen Gesellschaft übertragen ist, nach ihrem Ermessen zu gebrauchen gestattet sein sollte? Im gegenwärtigen Fall wenden sie sie nur bei Freiwilligen an, und mit den besten Absichten. Aber es besteht keine Gewähr dafür, daß in anderen Fällen die Absichten gut oder die Belehrung nur für Freiwillige sein werden. Jedes Gesetz, jede soziale Einrichtung, welche es möglich machen, daß Beamte in Versuchung geführt werden, sind schlecht. Jedes Gesetz, jede Einrichtung, welche sie vor der Versuchung bewahren, die ihnen übertragene Gewalt zu ihrem eigenen Vorteil oder zum Nutzen des Staates oder irgendeiner politischen, wirtschaftlichen oder kirchlichen Organisation zu mißbrauchen, sind gut. Die Hypnopädie wäre, wenn effizient, ein unermeßlich mächtiges Werkzeug in den Händen eines jeden, der in der Lage wäre, einer ihm ausgelieferten Zuhörerschaft Suggestionen aufzuzwingen. Eine demokratische Gesellschaft ist eine Gesellschaft, dem Leitsatz verschrieben, daß Macht oft mißbraucht wird und daher Beamten nur in begrenztem Ausmaß und für begrenzte Zeit anvertraut werden darf. In einer solchen Gesellschaft sollte die Anwendung der Hypnopädie durch Beamte gesetzlich geregelt sein – das heißt natürlich, wenn die Hypnopädie tatsächlich ein echtes Werkzeug der Macht ist. Aber ist sie das tatsächlich? Wird sie heute so gut funktionieren, wie ich mir ihr Funktionieren im 7. Jahrhundert n. F. vorstellte? Wir wollen den Tatsachenbestand prüfen.

Im *Psychological Bulletin* für Juli 1955 haben Charles W. Simon und William H. Emmons die zehn bedeutendsten Studien auf diesem Gebiet analysiert und gewertet. Alle diese Studien befassen sich mit dem Gedächtnis. Hilft Schlafunterricht dem Schüler beim Auswendiglernen? Und bis zu welchem Ausmaß ist der einem Schlafenden eingeflüsterte Lehrstoff am nächsten Morgen beim Erwachen noch im Gedächtnis bewahrt? Simon und Emmons antworten folgendermaßen: »Es wurden zehn Schlaflernstudien durchgesehen. Viele darunter sind unkritisch von Handelsfirmen oder in populären Zeitschriften und in Zeitungsartikeln zitiert worden, als Beweis für die Möglichkeit, im Schlaf zu lernen. Es wurde eine kritische Analyse dieser Studien durchgeführt. Ihr Versuchsplan, ihre Statistik, ihre Methodologie und ihre wissenschaftlichen Kriterien zur Definition des Schlafes wurden eingehend untersucht. Alle diese Studien hatten Schwächen auf dem einen oder anderen dieser Gebiete.« Die Studien legen nicht eindeutig dar, daß Lernen tatsächlich während des *Schlafes* stattfindet. Aber einiges Lernen scheint stattzufinden, in »einer besonderen Art von Wachzustand, und die Versuchspersonen erinnern sich später nicht mehr, ob sie dabei wach waren. Das kann von großer praktischer Bedeutung sein hinsichtlich einer Ersparnis an Lernzeit, aber es kann nicht als *Schlaflernen* interpretiert werden ... Das Problem wird teilweise durch eine unzureichende Definition des Schlafens erschwert.«

Mittlerweile bleibt das Faktum bestehen, daß in der amerikanischen Armee während des Zweiten Weltkriegs (und versuchsweise sogar schon während des Ersten) die bei Tag erteilte Unterweisung im Morsealphabet und in fremden Sprachen durch Unterricht während des Schlafes ergänzt wurde – offenbar mit befriedigenden Ergebnissen. Seit dem Ende des Zweiten Weltkriegs haben mehrere Handelsfirmen in den USA und anderswo eine große Zahl von Kopfkissensprechern und auf bestimmte Zeiten einstellbaren Plattenspielern und Tonbandgeräten verkauft, vor allem an Schauspieler, die es eilig haben, ihre Rolle zu lernen, Politiker und Prediger, die den Eindruck erwecken möchten, aus dem Stegreif beredsam zu sein, an Studenten, die sich auf Prüfungen vorbereiten, und schließlich, zu ihrem größten Nutzen, an die zahllosen Leute, die sich mit sich selbst, so wie sie sind, unzufrieden fühlen und sich gern suggerieren lassen oder sich selber suggerieren möchten, daß sie ein anderer Mensch werden können. Selbsterteilte Suggestionen können leicht auf ein Tonband aufgenommen und immer wieder abgehört werden, bei Tag wie während des Schlafens. Suggestionen von außen her gibt es als Schallplatten zu kaufen, welche die mannigfaltigsten hilfreichen Texte eingeritzt tragen. Es sind Platten auf dem Markt für das Herabsetzen von Spannung und das Herbeiführen tiefer Erholung, Platten zur Förderung des Selbstvertrauens (von Handelsreisenden viel gekauft), Platten zur Erhöhung des Charmes der Persönlichkeit und ihrer magnetischen Anziehungskraft. Unter den am meisten gekauften finden sich Platten zur Erzielung »sexueller Harmonie« und Platten fürs Schlankwerden. (»Schokolade ist mir schnuppe. Kartoffeln lassen mich kalt. Kuchen und Schlagsahne können mir gestohlen bleiben.«) Es gibt Platten und Tonbänder zur Besserung der Gesundheit und sogar zur Erhöhung des Einkommens. Und das Bemerkenswerte an alledem ist,

laut den unaufgefordert von dankbaren Käufern dieser Platten und Tonbänder eingesandten Zeugnissen, daß viele Leute tatsächlich mehr Geld verdienen, nachdem sie solche hypnopädische Suggestionen abgehört haben; daß viele dicke Damen schlanker werden und viele Paare auf der Schwelle der Scheidung sexuelle Harmonie erzielen und, wenn sie nicht gestorben sind, glücklich noch heute leben.
In diesem Zusammenhang ist ein Abhandlung von Theodore X. Barber, »Sleep and Hypnosis«, welche im *Journal of Clinical and Experimental Hypnosis* vom Oktober 1956 erschien, aufschlußreich. Barber weist darauf hin, daß ein signifikanter Unterschied zwischen leichtem und tiefem Schlaf besteht. In tiefem Schlaf verzeichnet der Elektro-Enzephalograph keine Alphawellen; in leichtem Schlaf tauchen Alphawellen auf. In dieser Hinsicht steht leichter Schlaf dem Wachsein und der Hypnose (in welchen beiden Alphawellen vorhanden sind) näher als dem Zustand tiefen Schlafes. Ein lautes Geräusch verursacht das Erwachen einer in tiefem Schlaf befindlichen Person. Ein weniger heftiger Reiz weckt den Schlafenden nicht, sondern verursacht das Wiederauftauchen von Alphawellen. Tiefer Schlaf ist für kurze Zeit leichtem Schlaf gewichen.
Ein tief Schlafender ist Einflüsterungen nicht zugänglich. Wenn aber ein in leichtem Schlaf Befindlicher Einflüsterungen erhält, reagiert er, so fand Barber heraus, auf dieselbe Weise auf sie, wie er in hypnotischer Trance auf Suggestionen reagiert.
Viele der frühen Erforscher der Hypnose stellten ähnliche Versuche an. Milne Bramwell verzeichnet in seinem klassischen, zum erstenmal 1903 veröffentlichten Werk *History, Practice, and Theory of Hypnotism*, daß »viele Gewährsleute behaupten, natürlichen Schlaf in hypnotischen Schlaf verwandelt zu haben. Nach Wetterstrand ist es oft sehr leicht, sich mit schlafenden Personen, besonders Kindern, *en rapport* zu setzen ... Wetterstrand hält diese Methode, Hypnose herbeizuführen, für die Praxis für äußerst wertvoll und behauptet, sie oft mit Erfolg angewendet zu ha-

ben«. Bramwell zitiert viele andere erfahrene Hypnotiseure (einschließlich solcher hervorragender Autoritäten wie Bernheim, Moll und Forel), welche dasselbe Ergebnis erzielten. Heute würde ein Experimentator nicht davon sprechen, »natürlichen in hypnotischen Schlaf zu verwandeln«. Er ist nicht bereit, mehr zu sagen, als daß leichter Schlaf (im Gegensatz zu tiefem Schlaf ohne Alphawellen) ein Zustand ist, in welchem viele Versuchspersonen Suggestionen ebenso bereitwillig annehmen wie in der Hypnose. Zum Beispiel werden viele Versuchspersonen, nachdem ihnen in leichtem Schlaf gesagt wurde, daß sie in einer kleinen Weile sehr durstig aufwachen würden, pünktlich mit trockener Kehle und einem starken Verlangen nach Wasser erwachen. Die Gehirnrinde mag zu untätig sein, um folgerichtig zu denken; aber sie ist alert genug, um auf Suggestionen zu reagieren und sie an das vegetative Nervensystem weiterzugeben.

Wie wir bereits gesehen haben, hatte der bekannte schwedische Arzt und Versuchsleiter Wetterstrand besonderen Erfolg bei der hypnotischen Behandlung schlafender Kinder. In unseren Tagen werden Wetterstrands Methoden von einer Anzahl von Kinderärzten befolgt, welche junge Mütter in der Kunst unterrichten, ihren Kindern während der Stunden leichten Schlafs hilfreiche Suggestionen einzuflüstern. Durch diese Art von Hypnopädie können Kinder von Bettnässen und Nägelbeißen geheilt werden, können darauf vorbereitet werden, sich furchtlos chirurgischen Eingriffen zu unterziehen, können mit Zuversicht und Gewißheit gestärkt werden, wenn aus irgendeinem Grund ihre Lebensumstände betrüblich geworden sind. Ich selbst habe bemerkenswerte Erfolge therapeutischen Schlafunterrichts bei kleinen Kindern gesehen. Ähnliche Erfolge könnten wahrscheinlich bei vielen Erwachsenen erzielt werden. Für einen Möchtegern-Diktator ist die Lehre aus alledem klar. Unter geeigneten Bedingungen wirkt Hypnopädie tatsächlich, und das, so will es scheinen, ungefähr ebenso sicher wie Hypnose. Das meiste von alledem, was mit einer Person in hypnotischer Trance vorgenommen werden kann, kann auch mit einem Menschen in leichtem Schlaf angestellt werden. Gesprochene Suggestionen können durch die schlummernde Gehirnrinde dem Mittelhirn, dem Hirnstamm und dem vegetativen Nervensystem weitergegeben werden. Sind diese Suggestionen gut abgefaßt und werden sie häufig wiederholt, kann man die körperlichen Funktionen des Schläfers verbessern oder stören, neue Gefühlskomplexe einbauen und alte abändern, posthypnotische Befehle geben, Slogans, Formeln und Auslöseworte tief ins Gedächtnis einsenken. Kinder eignen sich besser als Erwachsene dazu, hypnopädisch behandelt zu werden, und der zukünftige Diktator wird das zu seinem Vorteil voll ausnutzen. Kindern im Vorschul- und Kindergartenalter werden während ihres Nachmittagsschläfchens hypnopädische Suggestionen verabreicht werden. Für ältere Kinder und besonders für die von Parteimitgliedern – für die Jungen und Mädchen, die zu Führern, Verwaltungsbeamten und Lehrern heranwachsen sollen – wird es Internate geben, wo eine vortreffliche Tagesausbildung durch nächtlichen Schlafunterricht ergänzt werden wird. Wenn es sich um Erwachsene handelt, wird den Kranken besondere Aufmerksamkeit gewidmet werden. Wie Pawlow vor vielen Jahren dartat, werden willensstarke und widerstandsfähige Hunde nach einer Operation oder wenn sie an einer entkräftenden Krankheit leiden, völlig suggestibel. Unser Diktator wird daher dafür sorgen, daß jedes Krankenhaus ausreichend mit Kabelanschlüssen versehen ist. Aus einer Blinddarmoperation, einer Niederkunft, einer Lungenentzündung oder Gelbsucht läßt sich die Gelegenheit zu einem intensiven Kursus in Parteitreue und wahrem Glauben und zu einem »Auffrischer« in den Grundzügen der örtlich vorherrschenden Ideologie machen. Andere hilflos ausgelieferte Zuhörerschaften wären in den Gefängnissen, in Arbeitslagern, in Kasernen, in Schiffen auf hoher See, nachts in Zügen und Flugzeugen und in den trübseligen Wartesälen der Bus- und Eisenbahnstationen zu finden. Auch wenn die diesen wehrlosen Zuhörerschaften erteilten hypnopädischen Suggestionen bei nicht mehr als zehn Prozent der Betroffenen Wirkung zeigen würden, wären die Ergebnisse doch noch eindrucksvoll und für einen Diktator höchst wünschenswert.

Von der mit leichtem Schlaf und Hypnose verbundenen erhöhten Suggestibilität wollen wir uns nun der normalen Suggestibilität derjenigen zuwenden, die wach sind – oder wenigstens glauben, wach zu sein. (Tatsächlich sind, wie die Buddhisten beharrlich betonen, die meisten von uns allzeit in halbem Schlaf befangen und gehen als Schlafwandler, welche fremden Suggestionen gehorchen, durchs Leben. Erleuchtung ist völliges Wachsein. Das Wort »Buddha« läßt sich mit »der Wache« übersetzen.) Genetisch ist jeder Mensch einzigartig und auf vielfältige Weise von jedem anderen Menschen verschieden. Die Spanne der individuellen Abweichungen von der statistischen Norm ist erstaunlich weit. Und die statistische Norm, das wollen wir nicht vergessen, ist nur bei versicherungsmathematischen Berechnungen von Nutzen, nicht im wirklichen Leben. Im wirklichen Leben gibt es keine solche Person wie den Durchschnittsmenschen. Es gibt nur individuelle Männer, Frauen und Kinder, ein jeder mit seinen angeborenen Idiosynkrasien des Geistes und des Körpers, und alle versuchen sie (oder werden gezwungen), ihre biologischen Verschiedenartigkeiten in die Gleichförmigkeit irgendeiner kulturellen Schablone zu zwängen.

Suggestibilität ist eine der Eigenschaften, die signifikant von Individuum zu Individuum variieren. Umweltfaktoren spielen gewiß ihre Rolle dabei, den einen Menschen mehr als einen anderen für Suggestionen empfänglich zu machen; aber es gibt nicht weniger gewiß auch konstitutionelle Unterschiede in der Suggestibilität der Individuen. Äußerster Widerstand gegen Suggestion ist recht selten. Und das ist ein Glück. Denn wenn jeder Mensch so unempfänglich für Suggestionen wäre, wie es manche sind, wäre ein soziales Leben unmöglich. Menschliche Gesellschaften können mit einem angemessenen Maß an Funktionsfähigkeit nur bestehen, weil die meisten Menschen – wenn auch in verschiedenem Grad – suggestibel sind. Extreme Suggestibilität ist wahrscheinlich ebenso selten wie extreme Nichtsuggestibilität. Und auch das ist ein Glück. Denn wenn die meisten Menschen so sehr auf von außen kommende Suggestionen eingehen würden wie diejenigen an der äußersten Grenze der Suggestibilität, wäre eine vernünftige Wahl für die Mehrzahl der Wählerschaft so gut wie unmöglich und demokratische Einrichtungen könnten sich nicht erhalten oder nicht einmal entstehen.

Vor ein paar Jahren führte im Massachusetts General Hospital eine Forschungsgruppe einen höchst aufschlußreichen Versuch über die schmerzstillenden Wirkungen von Placebos durch. (Ein Placebo ist irgend etwas, wovon der Patient glaubt, es sei ein wirkungsvolles Heilmittel, das aber tatsächlich pharmakologisch wirkungslos ist.) Bei diesem Experiment waren die Versuchsobjekte einhundertzweiundsechzig Patienten, welche soeben aus dem Operationssaal kamen und beträchtliche Schmerzen litten. Sooft ein Patient ein Medikament zur Linderung seiner Schmerzen verlangte, wurde ihm eine Einspritzung entweder von Morphium oder von destilliertem Wasser gemacht. Alle Patienten erhielten Einspritzungen von Morphium und von destilliertem Wasser. Ungefähr dreißig Prozent der Patienten empfanden nie eine Erleichterung durch das Placebo. Andererseits empfanden vierzehn Prozent Erleichterung nach *jeder* Einspritzung destillierten Wassers. Den verbleibenden sechsundfünfzig Prozent wurde durch das Placebo einige Male Erleichterung zuteil, andere Male aber nicht.

In welcher Hinsicht unterschieden sich die suggestiblen, reagierenden Personen von den nichtsuggestiblen, nichtreagierenden? Sorgfältige Untersuchung und Prüfung enthüllten, daß weder Alter noch Geschlecht relevante Faktoren waren. Männer reagierten auf das Placebo ebenso häufig wie Frauen, und Junge ebenso häufig wie Alte. Auch

schien der Intelligenzgrad, gemessen nach den üblichen Tests, nicht von Relevanz zu sein. Der durchschnittliche Intelligenzquotient der zwei Gruppen war ungefähr gleich. Signifikant unterschieden sich die Angehörigen der beiden Gruppen vor allem im Temperament, in den Gefühlen, welche sie sich selbst und anderen Leuten gegenüber hegten. Die Reagierenden waren zur Kooperation eher bereit als die Nichtreagierenden, sie waren weniger kritisch und weniger argwöhnisch. Sie machten den Krankenschwestern keine Schwierigkeiten und waren der Ansicht, die Pflege, die sie in dem Krankenhaus erhielten, sei »einfach wundervoll«. Aber wenngleich die Reagierenden weniger unfreundlich anderen gegenüber waren als die Nichtreagierenden, waren sie im allgemeinen viel ängstlicher um sich selbst besorgt. Unter Druck neigte diese Ängstlichkeit dazu, sich in verschiedene psychosomatische Symptome umzusetzen, wie Magenbeschwerden, Durchfall und Kopfschmerzen. Trotz oder wegen ihrer Ängstlichkeit waren die Reagierenden ungehemmter in der Zurschaustellung von Gefühlen und gesprächiger als die Nichtreagierenden. Sie waren auch viel religiöser, viel tätiger in ihren Kirchen und, auf einer unterbewußten Ebene, viel mehr mit den Organen ihres Beckens und Unterleibs beschäftigt.
Es ist interessant, diese Zahlen für die Reaktion auf Placebos mit den Schätzungen zu vergleichen, die von Autoren, welche über Hypnose geschrieben haben, auf ihrem Spezialgebiet angestellt wurden. Ungefähr ein Fünftel der Menschen, so sagen uns diese, ist sehr leicht zu hypnotisieren. Ein zweites Fünftel läßt sich überhaupt nicht hypnotisieren oder nur dann, wenn Medikamente oder Ermüdung den psychischen Widerstand herabgesetzt haben. Die restlichen drei Fünftel lassen sich etwas weniger leicht hypnotisieren als die erste Gruppe, aber beträchtlich leichter als die zweite. Ein Hersteller hypnopädischer Tonbänder und Platten sagte mir, daß etwa zwanzig Prozent seiner Kunden begeistert seien und ihm von verblüffenden, in sehr kurzer Zeit erzielten Erfolgen berichteten. Am anderen

Ende des Spektrums der Suggestibilität gibt es eine Minderheit von acht Prozent, die regelmäßig ihr Geld zurückverlangt. Zwischen diesen beiden Extremen stehen diejenigen, die zwar keine schnellen Erfolge erzielen, aber suggestibel genug sind, um mit der Zeit doch beeinflußt zu werden. Wenn sie ausdauernd den entsprechenden hypnopädischen Unterweisungen zuhören, erzielen sie am Ende, was sie gewollt haben – Selbstvertrauen oder sexuelle Harmonie oder Gewichtsverlust oder mehr Geld.

Den Idealen der Demokratie und Freiheit steht die nackte Realität menschlicher Suggestibilität entgegen. Ein Fünftel jeder Wählerschaft kann fast im Nu hypnotisiert werden. Ein Siebentel kann durch Einspritzungen von Wasser von Schmerzen befreit werden, ein Viertel spricht prompt und begeistert auf Hypnopädie an. Und diesen allzusehr zur Mitarbeit bereiten Minderheiten muß man noch die langsamer reagierenden Mehrheiten hinzuzählen, deren weniger außerordentliche Suggestibilität effektvoll von jedem ausgebeutet werden kann, der sich auf dieses Geschäft versteht und bereit ist, Zeit und Mühe daran zu verwenden.

Ist individuelle Freiheit vereinbar mit einem hohen Grad individueller Suggestibilität? Können demokratische Einrichtungen den Umsturz von innen her überleben, den geschickte Gehirnmanipulierer anstreben, welche in der Wissenschaft und Kunst des Ausbeutens der Suggestibilität von Individuen ebenso wie von Volksmengen geübt sind? Bis zu welchem Ausmaß kann die angeborene Neigung, allzu suggestibel zu sein, zum eigenen Besten und zum Besten einer demokratischen Gesellschaft durch Erziehung neutralisiert werden? Wie weit kann die Ausbeutung ungewöhnlicher Suggestibilität durch Geschäftsleute, Geistliche und solche Politiker, die an der Macht sind oder sie anstreben, von Gesetzes wegen eingedämmt werden? Ausdrücklich oder implizit sind die ersten zwei Fragen in früheren Kapiteln besprochen worden. Im folgenden will ich mich mit den Problemen der Prävention und der Abhilfe befassen.

Erziehung zur Freiheit muß mit dem Konstatieren von Tatsachen und dem Formulieren von Werten beginnen und muß dann geeignete Methoden entwickeln, diese Werte zu erreichen und diejenigen in Schach zu halten, die, was immer ihre Gründe sein mögen, die Tatsachen unbeachtet lassen oder die Werte leugnen.

In einem früheren Kapitel habe ich das Sozialethos besprochen, in dessen Begriffen die aus Überorganisierung und Übervölkerung sich ergebenden Übel gerechtfertigt werden und den Anschein des Positiven erhalten. Steht ein solches Wertsystem im Einklang mit unserem Wissen um Körperbau und Temperament des Menschen? Die Sozialethik unterstellt, die Erziehung sei von vorrangiger Bedeutung für die Ausbildung menschlichen Verhaltens, und die Naturveranlagung – die psycho-physische Ausrüstung, mit welcher der einzelne Mensch geboren wird – sei ein zu vernachlässigender Faktor. Ist das aber wahr? Ist es wahr, daß der Mensch nichts anderes ist als das Produkt seiner sozialen Umwelt? Und wenn es nicht wahr ist, welche Rechtfertigung kann es für die Behauptung geben, das Individuum sei weniger wichtig als die Gruppe, von welcher es ein Glied ist?

Alles uns zugängliche Material führt zu dem Schluß, daß im Leben des einzelnen und ganzer Gesellschaften Vererbung nicht weniger relevant ist als Kultur. Jedes Individuum ist biologisch einzigartig und von allen anderen Individuen verschieden. Freiheit ist daher ein großes Gut, Duldsamkeit eine große Tugend und Bevormundung ein großes Mißgeschick. Aus praktischen und theoretischen Gründen sind Diktatoren, Organisationsmenschen und gewisse Wissenschaftler darauf aus, die vertrackte Verschiedenheit der Menschennaturen auf irgendeine handliche Gleichförmigkeit zu reduzieren. Im ersten Aufflammen seines behavioristischen Eifers erklärte J. B. Watson rundweg, er könne »nichts finden, was die Annahme erblicher Verhaltenswei-

sen oder besonderer Begabungen (musikalischer, künstlerischer usw.), welche sich angeblich in Familien vererben, stützt«. Und auch heute noch hören wir einen hervorragenden Psychologen, B. F. Skinner von der Harvard-Universität, mit Nachdruck behaupten, »während wissenschaftliche Einsicht immer umfassender wird, scheint sich der Beitrag, den der einzelne zu leisten sich rühmen kann, immer mehr dem Nullpunkt zu nähern. Die vielgerühmten schöpferischen Kräfte des Menschen, seine Leistungen in der Kunst, der Wissenschaft und der Ethik, seine Fähigkeit, eine Wahl zu treffen, und unser Recht, ihn für die Folgen seiner Wahl verantwortlich zu machen – nichts von alledem zeigt sich an dem neuen, wissenschaftlichen Selbstbildnis des Menschen«. Mit einem Wort, Shakespeares Dramen wurden nicht von Shakespeare geschrieben, nicht einmal von Bacon oder dem Grafen von Oxford; sie wurden vom elisabethanischen England geschrieben.
Vor mehr als sechzig Jahren schrieb William James einen Essay über »Große Menschen und ihre Umwelt«, worin er trachtete, das hervorragende Individuum gegen die Angriffe Herbert Spencers zu verteidigen. Spencer hatte verkündet, »die Wissenschaft« (diese wundervoll bequeme Personifizierung der von den Professoren X., Y. und Z. zu einem gegebenen Zeitpunkt verfochtenen Meinungen!) habe den »großen Menschen« völlig beseitigt. »Der große Mensch«, so hatte Spencer geschrieben, »muß mit allen anderen Phänomenen der Gesellschaft, die ihn hervorbrachte, als ein Produkt ihrer Vorgeschichte klassifiziert werden.« Der große Mensch sei vielleicht (oder scheine) »der unmittelbare Urheber von Veränderungen ... Aber wenn es irgend etwas wie eine wirkliche Erklärung dieser Veränderungen geben soll, muß sie in jenem Aggregat von Verhältnissen gesucht werden, aus dem sowohl er wie sie entstanden sind.« Dies ist ein Beispiel der leeren Tiefsinnigkeiten, denen unmöglich ein Sinn, mit welchem sich operieren ließe, beigelegt werden kann. Was unser Philosoph da sagt, heißt einfach, daß wir alles wissen müssen, bevor wir irgend

etwas voll verstehen können. Daran ist nicht zu zweifeln. Tatsächlich aber werden wir nie alles wissen. Wir müssen uns daher mit teilweisem Verstehen und nächstliegenden Ursachen, einschließlich des Einflusses großer Menschen, zufriedengeben. »Wenn irgend etwas menschlich gewiß ist«, schreibt William James, »ist es dies, daß die Gesellschaft im eigentlichen Sinn, in welcher der große Mensch aufwächst, ihn nicht gestaltet, bevor nicht er sie neu gestalten kann. Was ihn gestaltet, sind physiologische Kräfte, mit welchen die sozialen, politischen, geographischen – und in großem Ausmaß – auch die anthropologischen Verhältnisse ebensoviel oder ebensowenig zu tun haben wie der Krater des Vesuv mit dem Flackern des Gaslichtes, bei dem ich dies schreibe. Ist es möglich, daß Mr. Spencer der Meinung ist, die Konvergenz soziologischer Kraftlinien auf Stratford-on-Avon sei um den 26. April 1564 so stark gewesen, daß ein W. Shakespeare mit allen seinen geistigen Besonderheiten dort geboren werden mußte? ... Und meint er etwa, daß, falls besagter W. Shakespeare an Brechdurchfall gestorben wäre, eine andere Mutter in Stratford-on-Avon notwendigerweise ein Duplikat seiner zur Welt gebracht hätte, um das soziologische Gleichgewicht wiederherzustellen?«

Prof. Skinner ist Experimentalpsychologe, und sein Buch über »Wissenschaft und menschliches Verhalten« ist auf Tatsachen gegründet. Leider aber gehören die Tatsachen einer so begrenzten Klasse an, daß seine Schlußfolgerungen, wenn er endlich eine Verallgemeinerung wagt, so schlechtweg unrealistisch sind wie jene der viktorianischen Theoretiker. Und das unvermeidlich; denn Prof. Skinners Gleichgültigkeit dem gegenüber, was James die »physiologischen Kräfte« nennt, ist fast so vollständig wie die Herbert Spencers. Die genetischen, das Verhalten der Menschen bestimmenden Faktoren werden von ihm auf weniger als einer Seite abgetan. In seinem Buch findet sich kein Hinweis auf die Forschungsergebnisse der Konstitutionsmedizin noch irgendeine Andeutung jener Konstitutionspsychologie, in deren Begriffen (und, soweit ich es zu beurteilen vermag, in deren Begriffen allein) es vielleicht möglich ist, eine vollständige und realistische Biographie eines einzelnen Menschen in Beziehung auf die relevanten Fakten seiner Existenz zu schreiben – auf seinen Körper, sein Temperament, seine Geistesgaben, seine unmittelbare Umwelt von Augenblick zu Augenblick, seine Zeit, seinen Wohnort und seine Bildung. Eine Wissenschaft des menschlichen Verhaltens ist wie eine Wissenschaft der abstrakten Bewegung – notwendig, aber für sich allein gegenüber der Realität völlig unzulänglich. Man betrachte eine Libelle, eine Rakete und eine sich brechende Welle. Alle drei veranschaulichen dieselben Grundgesetze der Bewegung; aber sie veranschaulichen sie auf verschiedene Weise. Und die Unterschiede sind mindestens so wichtig wie die Entsprechungen. Für sich allein kann uns ein Studium der Bewegung fast gar nichts über das sagen, was in einem gegebenen Fall bewegt wird. Ebenso kann uns ein Studium des Verhaltens für sich allein fast nichts über die individuelle Persönlichkeit sagen, die in irgendeinem bestimmten Augenblick dieses Verhalten zeigt. Für uns aber, die wir psychisch und physisch Personen sind, ist eine Kenntnis der Psyche und der Physis von überragender Wichtigkeit. Überdies wissen wir durch Beobachtung und Erfahrung, daß die Unterschiede zwischen individuellen Personen ungeheuer groß sind und daß einige Persönlichkeitsstrukturen ihre soziale Umwelt tief beeinflussen können und das auch tun. Was diesen letzten Punkt betrifft, befindet sich Bertrand Russell in voller Übereinstimmung mit William James – und mit so gut wie jedem, möchte ich hinzufügen, außer den Verfechtern spencerianischer oder behavioristischer Wissenschaftlichkeit. Nach Russels Ansicht gibt es dreierlei Ursachen geschichtlicher Veränderung – wirtschaftlichen Umschwung, politische Theorien und bedeutende Individuen. »Ich glaube nicht«, sagt Russell, »daß irgendeine von diesen dreien unbeachtet gelassen oder gänzlich als die Wirkung von Ursachen anderer Art hinwegerklärt werden kann.« So wäre etwa, wenn Bismarck und Lenin im Kindesalter gestorben wären, unsere Welt sehr verschieden von der, die sie, zum Teil durch Bismarck und Lenin, heute ist. »Die Historik ist noch nicht eine Wissenschaft und kann nur durch Verfälschungen und Weglassungen den Anschein von Wissenschaftlichkeit erhalten.« Im wirklichen Leben, im Leben, wie es von Tag zu Tag gelebt wird, kann das Individuum nie hinwegerklärt werden. Nur in der Theorie scheint sich sein Beitrag dem Nullpunkt zu nähern; in der Praxis ist er von ausschlaggebender Bedeutung. Wenn in unserer Welt eine Arbeit geleistet wird, wer leistet sie tatsächlich? Wessen Augen und Ohren besorgen das Wahrnehmen, wessen Gehirn besorgt das Denken, wer hat die motivierenden Gefühle, den Willen, der die Hindernisse überwindet? Gewiß nicht die soziale Umwelt; denn eine Gruppe ist kein Organismus, sondern nur eine blinde, unbewußte Organisation. Alles, was innerhalb einer Gesellschaft geschieht, wird von Individuen veranlaßt. Diese Individuen sind natürlich tief beeinflußt von der örtlichen Kultur, den herrschenden Tabus und Sittengesetzen, den aus der Vergangenheit überkommenen, in einem Verbund mündlicher Traditionen oder schriftlicher Überlieferungen bewahrten richtigen und falschen Erkenntnissen; aber was immer sich jeder einzelne von der Gesellschaft nimmt (oder, um genauer zu sein, was immer er sich von anderen, zu Gruppen zusammengeschlossenen Individuen nimmt, oder aus den, von anderen, lebenden oder verstorbenen Individuen, gesammelten symbolischen Zeugnissen), wird von ihm ganz auf seine eigene, einzigartige Weise angewandt werden – mit *seinem* spezifischen Verstand, *seiner* biochemischen Konstitution, *seinem* und niemandes anderem Körperbau und Temperament. Jegliche wissenschaftliche Erklärung, wie umfassend sie auch sein mag, kann diese selbstverständlichen Gegebenheiten nicht hinwegerklären. Und vergessen wir nicht, daß Prof. Skinners wissenschaftliches Porträt des Menschen als eines Produktes der sozialen Umwelt nicht das einzige wissenschaftliche

Porträt ist. Es gibt andere, realistischere Konterfeis. Man betrachte zum Beispiel das von Prof. Roger Williams angefertigte. Was er malt, ist nicht ein Verhalten im abstrakten Sinn, sondern es sind Persönlichkeitsstrukturen, welche sich verhalten – Personen, welche das Erzeugnis teils der Umwelt, die sie mit andern Personen gemein haben, teils ihrer höchsteigenen Erbmasse sind. In *The Human Frontier* und *Free but Unequal* hat uns Prof. Williams zahlreiche, ins einzelne gehende Belege über diese angeborenen Unterschiede zwischen Individuen dargetan, für die Dr. Watson keinen Anhaltspunkt finden konnte und deren Wichtigkeit in Prof. Skinners Augen sich dem Nullpunkt nähert. Unter den Tieren wird biologische Variabilität innerhalb einer gegebenen Spezies immer auffallender, je höher wir auf der evolutionären Leiter steigen. Diese biologische Variabilität ist am größten beim Menschen, und der Mensch zeigt einen höheren Grad biochemischer, struktureller und temperamentbezogener Verschiedenartigkeit als die Angehörigen irgendeiner anderen Spezies. Das ist eine eindeutig nachweisbare Tatsache. Aber was ich den Ordnungswillen genannt habe, das Verlangen, der verwirrenden Mannigfaltigkeit der Dinge und Ereignisse faßbare Einheitlichkeit aufzuzwingen, hat viele dazu verführt, dieses Faktum unbeachtet zu lassen. Sie haben biologische Einzigartigkeit bagatellisiert und ihre ganze Aufmerksamkeit auf die einfacheren und beim gegenwärtigen Stand unseres Wissens verständlicheren Umweltfaktoren, welche das Verhalten des Menschen mitbestimmen, gerichtet. »Als ein Ergebnis dieses auf die Umwelt konzentrierten Denkens und Forschens«, schreibt Prof. Williams, »ist die Theorie der grundlegenden Entsprechung der Kleinkinder untereinander weithin akzeptiert worden und wird von einer großen Gruppe verfochten, welche sich aus Sozialpsychologen, Soziologen, Sozialanthropologen und vielen anderen, darunter auch Historikern, Volkswirtschaftlern, Pädagogen, Rechtsgelehrten und Männern des öffentlichen Lebens zusammensetzt. Diese Theorie ist auch in die vorherrschende Denkweise vieler Leute eingegangen, welche mit der Gestaltung erzieherischer oder regierungspolitischer Richtlinien befaßt waren, und wird oft fraglos von denjenigen hingenommen, die sich wenig eigene kritische Gedanken machen.«

Ein System der Ethik, das in einer relativ realistischen Einschätzung der Erfahrungswerte gründet, wird eher mehr Nutzen als Schaden stiften. Aber viele ethische Systeme sind auf eine Einschätzung der Erfahrung, eine Ansicht vom Wesen der Dinge gegründet worden, welche hoffnungslos unrealistisch ist. Eine solche Ethik wird eher mehr Schaden als Nutzen stiften. So wurde bis in die jüngste Zeit allgemein geglaubt, daß schlechtes Wetter, Viehkrankheiten und sexuelle Impotenz durch das böswillige Wirken von Zauberern verursacht sein können und in vielen Fällen tatsächlich verursacht seien. Zauberer zu fangen und umzubringen, war daher Pflicht – und diese Pflicht war überdies, im zweiten Buch Moses, von Gott geboten worden: »Du sollst eine Hexe nicht am Leben lassen.« Die Systeme der Ethik und des Rechtes, die auf diese irrige Ansicht vom Wesen der Dinge gegründet sind, waren (während der Jahrhunderte, in denen sie von Männern in obrigkeitlicher Stellung sehr ernst genommen wurden) Ursache der entsetzlichsten Übeltaten. Die Orgien von Bespitzelung, Lynchjustiz und Justizmorden, welche gemäß diesen irrigen Ansichten von Zauberei und Magie logisch und höheres Gebot erschienen, fanden nicht ihresgleichen bis auf unsere Tage, wo das kommunistische Ethos, gegründet auf irrige wirtschaftliche, und das nationalsozialistische Ethos, gegründet auf irrige rassische Ansichten, Greuel von noch größerem Ausmaß befahlen und rechtfertigten. Kaum weniger unerwünschte Folgen wird wahrscheinlich die allgemeine Aneignung einer Sozialethik haben, welche sich auf die irrige Ansicht gründet, daß die unsere eine durchaus soziale Spezies sei, daß Menschenkinder als gleichartig geboren würden und Individuen das Produkt des Konditionierens seien, welches durch die kollektive Umwelt und innerhalb ihrer erfolge. Wären diese Ansichten richtig, wären die Menschen wahrhaftig Exemplare einer wirklich sozialen Spezies, und wären ihre individuellen Unterschiede geringfügig und könnten durch geeignetes Konditionieren völlig ausgebügelt werden, dann wäre Freiheit offenbar unnötig, und der Staat wäre gerechtfertigt, die Ketzer, welche sie fordern, zu verfolgen. Für die einzelne Termite ist der Dienst am Termitenbau völlige Freiheit. Die Menschen aber sind nicht völlig sozial; sie sind nur mäßig gesellig. Ihre Gesellschaften sind keine Organismen wie der Bienenkorb oder der Ameisenhaufen; sie sind Organisationen, mit anderen Worten, eigens für das kollektive Leben konstruiert. Überdies sind die Unterschiede zwischen den Individuen so groß, daß trotz intensivstem erzieherischem Ausbügeln ein extrem Endomorpher (um W. H. Sheldons Terminologie zu verwenden) seine geselligen viszerotonischen Merkmale beibehalten, ein extrem Mesomorpher durch dick und dünn energetisch somatotonisch bleiben und ein extrem Ektomorpher immer zerebrotonisch, introvertiert und überempfindlich sein wird. In der »schönen neuen Welt« meiner Fabel wurde sozial erwünschtes Verhalten durch ein doppeltes Verfahren genetischen Manipulierens und postnatalen Konditionierens gewährleistet. Kleinkinder wurden in Flaschen kultiviert, und ein hoher Grad von Gleichartigkeit des menschlichen Produkts wurde mit Sicherheit dadurch erzielt, daß die Ova einer beschränkten Anzahl von Müttern verwendet und jedes Ovum auf solche Weise behandelt wurde, daß es sich wiederholt spaltete und so identische Zwillinge in Schüben von hundert oder mehr hervorbrachte. Auf diese Weise war es möglich, standardisierte Maschinenbediener für standardisierte Maschinen zu erzeugen. Und die Standardisierung der Maschinenbediener wurde nach der Geburt noch vervollkommnet durch normendes Kinderkonditionieren, Hypnopädie und chemisch herbeigeführte Euphorie als Ersatz für die Befriedigung, sich frei und schöpferisch zu fühlen. In der Welt, in der wir leben, treiben uns, wie in früheren Kapiteln ausgeführt wurde, ungeheure unpersönliche Kräfte einer Zentralisierung der Macht und einer zwangsorganisierten Gesellschaft zu. Die genetische Normung der Individuen ist noch nicht möglich; aber Großregierung und Großunternehmertum besitzen bereits – oder sie werden es bald tun – all die Verfahren für Gehirnmanipulation, die in *Schöne neue Welt* beschrieben sind, und dazu noch andere, welche mir träumen zu lassen ich zu phantasiearm war. Da die Beherrscher der übervölkerten und überorganisierten Welt von morgen noch nicht imstande sein werden, Embryos genetische Uniformität aufzuzwingen, werden sie versuchen, den Erwachsenen und deren Kindern soziale und kulturelle Uniformität aufzuzwingen. Um diese zu erzielen, werden sie (wenn man sie nicht daran hindert) Gebrauch von allen ihnen zur Verfügung stehenden gehirnmanipulatorischen Verfahren machen und nicht zögern, diese Methoden nichtrationaler Suggestion durch wirtschaftlichen Zwang und die Androhung körperlicher Gewalt zu verstärken. Soll diese Art von Tyrannei vermieden werden, müssen wir ohne Verzug beginnen, uns selbst und unsere Kinder zu Freiheit und Selbstregierung zu erziehen.

Eine solche Erziehung zur Freiheit sollte, wie ich bereits sagte, vor allem ein Unterricht in Fakten und Werten sein – den Fakten individueller Verschiedenheit und genetischer Einzigartigkeit und den Werten der Freiheit, Duldsamkeit und Nächstenliebe, welche die ethischen Korollarien dieser Fakten sind. Leider aber genügen wahres Wissen und gesunde Grundsätze noch nicht. Eine gar nicht aufregende Wahrheit kann durch eine aufregende Unwahrheit verdunkelt werden. Ein geschickter Appell an Leidenschaft ist oft zu stark für die besten aller guten Vorsätze. Die Auswirkungen falscher und verderblicher Propaganda lassen sich nicht anders neutralisieren als durch gründliche Einübung der Kunst, die Verfahrensweisen jener zu analysieren und ihre Sophistereien zu durchschauen. Die Sprache hat den Fortschritt der Menschheit von Tierhaftigkeit zu Zivilisiertheit ermöglicht. Die Sprache hat die Menschheit aber auch zu einer beharrlich gepflegten Torheit und einer systematischen, wahrhaft teuflischen Schlechtigkeit inspiriert, die nicht weniger kennzeichnend für menschliches Verhalten sind als die von der Sprache inspirierten Tugenden systematischen Vorbedachtes und durchgehaltenen engelhaften Wohlwollens. Die Sprache erlaubt dem, der sie gebraucht, Dingen, Personen und Ereignissen Aufmerksamkeit zu schenken, auch wenn diese Dinge und Personen abwesend sind und die Ereignisse sich gar nicht ereignen. Die Sprache gibt unseren Erinnerungen feste Gestalt und verwandelt, indem sie Erfahrungen in Symbole übersetzt, die Unmittelbarkeit von Begierde oder Abscheu, von Haß oder Liebe in feste Grundsätze des Fühlens und Handelns. Auf eine uns völlig unbewußte Weise wählt das radiäre Flechtwerk des Gehirns aus zahllosen Reizen diejenigen wenigen Erfahrungen, die für uns von unmittelbarer Bedeutung sind. Von diesen unbewußt ausgewählten Erfahrungen machen wir, mehr oder weniger bewußt, eine kleinere Zahl zu abstrakten Begriffen, etikettieren diese durch Wörter aus unserem Wortschatz und klassifizieren sie dann innerhalb eines zugleich metaphysischen, wissenschaftlichen und ethischen Systems, welches aus Wörtern einer höheren Ebene der Begriffsbildung zusammengesetzt ist. In den Fällen, wo das Auswählen und das Abstrahieren von einem System diktiert wurden, welches als Anschauung vom Wesen der Dinge nicht allzu irrig ist, und wo die verbale Etikettierung verständig gewählt und ihre symbolische Natur klar begriffen wurde, wird unser Verhalten realistisch und leidlich anständig sein. Unter dem Einfluß schlecht gewählter Wörter aber, welche ohne jedes Begreifen ihres bloß symbolischen Charakters auf Erfahrungen angewendet werden, die nach einem System irriger Ideen ausgewählt und abstrahiert wurden, verhalten wir uns meist mit einer Teuflischkeit und einer ausgeklügelten Dummheit, deren stumme Tiere (gerade weil sie stumm sind und nicht sprechen können) begnadet unfähig sind.

In ihrer antirationalen Propaganda verdrehen die Feinde der Freiheit systematisch die Mittel der Sprache, um ihre Opfer in ein Denken, Fühlen und Handeln zu locken oder zu scheuchen, welches den Gehirnmanipulierern genehm ist. Eine Erziehung zur Freiheit (und zu Liebe und Intelligenz, die zugleich die Bedingungen und die Ergebnisse der Freiheit sind) muß unter anderem eine Erziehung zum richtigen Gebrauch der Sprache sein. Während der letzten zwei oder drei Generationen haben die Philosophen viel Zeit und Denken auf die Analyse von Symbolen und die Bedeutung von Bedeutungen verwendet. In welcher Beziehung stehen die Worte und Sätze, die wir sprechen, zu den Dingen, Personen und Ereignissen, mit denen wir im Alltagsleben zu tun haben? Diese Frage zu erörtern, würde zuviel Zeit erfordern und uns zu weit führen. Begnügen wir uns, zu sagen, daß alles intellektuelle Material für einen gründlichen Unterricht im richtigen Gebrauch der Sprache – einen Unterricht auf jeder Stufe, vom Kindergarten bis zu Kursen für Graduierte – nun zur Verfügung steht. Eine solche Ausbildung in der Kunst, zwischen dem gehörigen und dem ungehörigen Gebrauch von Symbolen zu unterscheiden, könnte sogleich ihren Anfang nehmen. Ja sie hätte schon zu jedem Zeitpunkt während der letzten dreißig oder vierzig Jahre eingeführt werden können. Und doch werden Kinder nirgends auf eine systematische Weise gelehrt, wahre von falschen, sinnvolle von sinnlosen Behauptungen zu unterscheiden. Warum ist das so? Weil, sogar in den demokratischen Ländern, die Erwachsenen nicht wollen, daß den Kindern diese Art von Ausbildung zuteil werde. In diesem Zusammenhang ist die kurze, traurige Geschichte des *Institute for Propaganda Analysis* höchst bezeichnend. Dieses Institut wurde 1937, als die nationalsozialistische Propaganda am lärmendsten und wirkungsvollsten war, von Mr. Filene, dem Philanthropen aus Neu-England, gegründet. Unterstützt von diesem Institut wurden Analysen vernunftwidriger Propaganda gemacht, und es wurden Lehrbücher für Mittelschüler und Universitätsstudenten vorbereitet. Dann kam der Krieg – ein totaler Krieg an allen Fronten, den geistigen nicht weniger als den materiellen. Da alle alliierten Regierungen sich mit »psychologischer Kriegsführung« befaßten, schien ein nachdrücklicher Hinweis darauf, wie wünschenswert das Analysieren von Propaganda wäre, ein wenig taktlos zu sein. Das Institut wurde 1941 geschlossen. Aber schon vor dem Ausbruch der Feindseligkeiten gab es viele Leute, welchen seine Tätigkeit höchst bedenklich zu sein schien. Gewisse Erzieher, zum Beispiel, mißbilligten die Unterweisung im Analysieren von Propaganda aus dem Grund, daß sie die heranwachsende Jugend ungebührlich zynisch machen würde; sie wurde auch nicht von den Militärbehörden willkommen geheißen, welche befürchteten, daß Rekruten beginnen könnten, die Äußerungen der Drillfeldwebel zu analysieren. Und dazu kamen noch die Geistlichen und die Inserenten. Die Geistlichen waren gegen Propaganda-Analyse, weil sie den Glauben unterhöhlen und den Kirchgang verhindern könnte; die Inserenten waren dagegen, weil Propaganda-Analyse vielleicht die Treue zu gewissen Handelsmarken untergraben und den Absatz verringern würde.

Diese Befürchtungen und Abneigungen waren nicht unbegründet. Eine zu eingehende, von zu vielen des gemeinen Volkes vorgenommene Untersuchung dessen, was seine Herren und Hirten sagen, könnte sich als höchst umstürzlerisch erweisen. In ihrer gegenwärtigen Form ist die Gesellschaftsordnung für ihr Fortbestehen darauf angewiesen, daß ohne zu viele – störende – Fragen sowohl die Propaganda hingenommen werde, die von den Machtinhabern losgelassen wird, als auch die Propaganda, die durch örtliche Traditionen geheiligt ist. Abermals besteht das Problem darin, den goldenen Mittelweg zu finden. Individuen müssen suggestibel genug sein, um willig und fähig zu sein, ihre Sozialgemeinschaft funktionsfähig zu erhalten, aber nicht so suggestibel, daß sie hilflos dem Zauberbann berufsmäßiger Gehirnmanipulierer verfallen. Ebenso sollten sie genug über Propaganda-Analyse belehrt werden, um vor einem unkritischen Glauben an glatten Unsinn bewahrt zu bleiben, aber nicht so viel, daß sie die nicht immer rationalen Ergüsse der wohlmeinenden Hüter der Tradition glattweg zurückwiesen. Wahrscheinlich läßt sich der goldene Mittelweg zwischen Leichtgläubigkeit und völliger Skepsis nicht durch Analyse allein entdecken und einhalten. Dieses eher negative Behandeln des Problems wird durch etwas Positiveres ergänzt werden müssen – die Bekanntgabe eines Fundus allgemein anerkennbarer Werte, welche auf einer festen faktischen Grundlage beruhen. Das sind erstens einmal der Wert der individuellen Freiheit, beruhend auf der Tatsache menschlicher Verschiedenheit und genetischer Einzigartigkeit; dann der Wert der Nächstenliebe und des Mitgefühls, gegründet auf die altvertraute, jüngst von der modernen Psychiatrie wiederentdeckte Tatsache, daß, was immer die geistige und körperliche Verschiedenheit der Menschen sein mag, Liebe für sie notwendig ist wie Nahrung und Obdach; und schließlich der Wert der Intelligenz, ohne welche die Liebe machtlos und die Freiheit unerreichbar sind. Dieser Stamm von Werten wird uns ein Kriterium liefern, nach welchem Propaganda beurteilt werden kann. Diejenige Propaganda, die für unsinnig und auch unmoralisch befunden wird, kann sogleich rundweg zurückgewiesen werden. Diejenige, die bloß unvernünftig, aber mit Liebe und Freiheit vereinbar ist und nicht grundsätzlich dem Gebrauch des Verstandes entgegensteht, kann provisorisch für das, was sie wert ist, akzeptiert werden.

WAS LÄSST SICH TUN?

Wir können zur Freiheit erzogen werden – viel besser, als wir gegenwärtig für sie erzogen werden. Aber die Freiheit wird, wie ich zu zeigen versucht habe, aus vielen Richtungen bedroht, und diese Bedrohungen sind sehr verschiedener Art – demographischer, sozialer, politischer, psychologischer. Unsere Krankheit hat eine Vielzahl zusammenwirkender Ursachen und läßt sich nicht anders kurieren als durch eine Vielzahl zusammenwirkender Arzneien. Um einer komplexen menschlichen Situation gewachsen zu sein, müssen wir alle Faktoren von Belang, nicht bloß einen einzigen, in Rechnung stellen. Nur wenn wir alle Faktoren berücksichtigen, können wir zu einem sinnvollen Ergebnis gelangen. Die Freiheit ist bedroht, und Erziehung zur Freiheit ist dringend vonnöten. Aber auch vieles andere ist dringend vonnöten – zum Beispiel soziale Organisation um der Freiheit willen, Geburtenregelung um der Freiheit willen, Gesetzgebung um der Freiheit willen. Wir wollen bei letzterer beginnen.

Seit den Zeiten der *Magna Charta* und sogar schon früher waren die englischen Gesetzesgeber darauf bedacht, die leibliche Freiheit des einzelnen zu schützen. Eine Person, welche aus Gründen zweifelhafter Rechtmäßigkeit in Haft gehalten wird, ist nach dem gemeinen Recht, wie es durch das Statut von 1679 festgelegt ist, berechtigt, von einem der höheren Gerichtshöfe ein *Habeas-corpus*-Reskript zu verlangen. Dieser Vorführungsbefehl ist vom Richter des Obersten Gerichtshofes an einen Polizeibeamten oder Gefängnisaufseher gerichtet und befiehlt ihm, binnen einer genannten Frist die Person, die er in Gewahrsam hält, zur Untersuchung ihres Falles dem Gerichtshof vorzuführen. Wohlgemerkt, nicht die schriftliche Beschwerde dieser Person, auch nicht ihren rechtlichen Vertreter, sondern ihren *corpus*, ihren Leib, dies allzufeste Fleisch, das gezwungen wurde, auf einer Pritsche zu schlafen, die übelriechende Gefängnisluft einzuatmen, die anwidernde Gefängniskost zu essen. Diese Bedachtnahme auf die grundlegende Bedingung der Freiheit – das Fehlen körperlichen Zwanges – ist zweifellos notwendig, aber sie ist noch nicht alles, was notwendig ist. Es ist durchaus möglich, daß ein Mensch nicht im Gefängnis und doch nicht in Freiheit ist – daß er unter keinem physischen Zwang steht und doch psychisch ein Gefangener ist, gezwungen, so zu denken, zu fühlen und zu handeln, wie die Vertreter des Nationalstaates oder irgendwelcher privater Interessen innerhalb der Nation ihn denken, fühlen und handeln lassen wollen. Es wird nie so etwas wie ein *Habeas-mentem*-Statut geben; denn kein Polizeibeamter oder Gefängnisaufseher kann einen ungesetzlich gefangengehaltenen Geist vor Gericht bringen, und keine Person, deren Geist durch die in früheren Kapiteln umrissenen Methoden in Haft genommen wurde, wäre in der Lage, sich über diese Haft zu beschweren. Psychischer Zwang ist so beschaffen, daß diejenigen, die unter diesem Zwang handeln, es unter dem Eindruck tun, sie handelten aus eigenem Antrieb. Das Opfer von Gehirnmanipulationen weiß nicht, daß es ein Opfer ist. Für einen solchen Menschen sind die Gefängnismauern unsichtbar, und er glaubt, frei zu sein. Daß er nicht frei ist, ist nur anderen augenscheinlich. Seine Gefangenschaft ist eine rein objektive.

Nein, wiederhole ich, es kann nie so etwas wie ein *Habeas-mentem*-Reskript geben. Aber es *kann* vorbeugende Gesetzgebung geben – eine Ächtung des psychischen Sklavenhandels, ein Gesetz zum Schutz der Gemüter gegen skrupellose Lieferanten giftiger Propaganda, nach dem Muster der Gesetze zum Schutz des Leibes gegen skrupellose Lieferanten verfälschter Nahrungsmittel und gefährlicher Drogen. Zum Beispiel könnte und, glaube ich, sollte es Gesetze geben, welche das Recht öffentlicher ziviler und militärischer Beamter einschränken, die ihrem Befehl oder Gewahrsam ausgelieferten Zuhörerschaften einem Schlafunterricht zu unterwerfen. Es könnte und, glaube ich, sollte Gesetze geben, die den Gebrauch subliminaler Projektion an öffentlichen Orten oder auf dem Fernsehschirm verbieten. Es könnte und, glaube ich, sollte Gesetze geben, die politische Kandidaten nicht nur daran hindern, mehr als einen bestimmten Geldbetrag für ihren Wahlfeldzug aufzuwenden, sondern sie auch hindern, zu der Art von vernunftwidriger Propaganda zu greifen, die dem ganzen demokratischen Verfahren Hohn spricht.

Solche vorbeugende Gesetzgebung könnte einiges Gute tun; aber wenn die großen unpersönlichen Kräfte, die heute die Freiheit bedrohen, weiterhin an Macht zunehmen, kann sie das nicht auf sehr lange Zeit. Die besten Staatsverfassungen und vorbeugenden Gesetze werden machtlos sein gegen den durch steigende Geburtenzahlen und fortschreitende Technologie beständig wachsenden Druck der Übervölkerung und der Überorganisierung. Die Verfassungen werden nicht widerrufen und die guten Gesetze nicht aus dem Gesetzesbuch gestrichen werden; aber diese liberalen Formen werden bloß dazu dienen, eine zuinnerst illiberale Substanz zu maskieren und zu verzieren. Wird der Übervölkerung und Überorganisierung nicht Einhalt geboten, werden wir in den demokratischen Ländern wohl eine Umkehrung des Vorganges zu sehen bekommen, der England in eine Demokratie umwandelte, während es alle äußeren Formen einer Monarchie beibehielt. Unter dem unnachgiebigen Vorstoß sich beschleunigender Übervölkerung und zunehmender Überorganisierung und mittels immer wirksamerer Methoden der Gehirnmanipulation werden die Demokratien ihr Wesen verändern; die wunderlichen altmodischen Gebräuche – Wahlen, Parlamente, Verfassungsgerichtshöfe und alles übrige – werden bleiben, aber die zugrundeliegende Substanz wird eine neue Art von gewaltlosem Totalitarismus sein. All die traditionellen Namen, alle die geheiligten Losungsworte werden genau die bleiben, die sie in der guten alten Zeit waren. Demokratie und Freiheit werden das Thema jeder Rundfunksendung und jedes Leitartikels sein – aber Demokratie und Freiheit in dem Sinn, den ihnen der Sprecher oder Schreiber geben wird. Mittlerweile werden die herrschende Oligarchie und ihre gutgedrillte Elite von Soldaten, Polizisten, Gedankenverfertigern und Gehirnmanipulatoren hübsch still das ganze Werk so laufen lassen, wie es ihnen paßt.

Wie können wir also die unermeßlichen unpersönlichen Kräfte zügeln, die heute unsere hart erkämpften Freiheiten bedrohen? In bloßen Worten und allgemeinen Ausdrücken läßt sich die Frage mit größter Leichtigkeit beantworten. Man betrachte das Problem der Übervölkerung. Steigender Bevölkerungszuwachs lastet immer schwerer auf Naturschätzen und Naturprodukten. Was ist da zu tun? Zweifellos müssen wir mit größtmöglicher Geschwindigkeit die Geburtenzahlen bis an den Punkt verringern, wo sie die Sterblichkeitsrate nicht mehr überschreiten. Gleichzeitig müssen wir mit möglichster Beschleunigung die Nahrungsmittelerzeugung steigern, wir müssen eine weltweite Politik zur Erhaltung unseres Ackerlandes und unserer Wälder einleiten und durchführen, wir müssen geeignete Ersatzstoffe, vorzugsweise weniger gefährliche und weniger schnell sich erschöpfende als Uran, für unsere gegenwärtigen Betriebs- und Brennstoffe entwickeln; und während wir mit den schwindenden Vorräten leicht greifbarer Mineralien haushalten, müssen wir neue und nicht zu kostspielige Methoden ausarbeiten, nach welchen diese Mineralien aus immer ärmeren Erzen gewonnen werden können – deren ärmstes das Meerwasser ist. Das alles aber ist – selbstverständlich – fast unendlich leichter gesagt als getan. Der jährliche Geburtenzuwachs sollte verringert werden. Aber wie? Zwei Wege stehen zur Wahl – Hungersnot, Pestilenz und Krieg sind der eine, Geburtenbeschränkung ist der andere. Die meisten von uns wählen die Geburtenbeschränkung – und sehen sich sogleich einem Problem gegenüber, das für die Physiologie, die Pharmakologie, die Soziologie, die Psychologie und sogar die Theologie gleichermaßen verwirrend ist. Die »Pille« ist noch nicht perfekt. Sobald und wenn sie vervollkommnet sein wird, wie kann sie dann an die vielen hundert Millionen potentieller Mütter (oder, wenn es eine Pille sein wird, welche beim Mann wirkt, potentieller Väter) verteilt werden, die sie werden schlucken müssen, wenn die Geburtenzahlen der Spezies Mensch verringert werden sollen? Und wie können bei den bestehenden sozialen Gepflogenheiten und gegenüber den Kräften der kulturellen und psychischen Trägheit diejenigen, die die Pille nehmen müßten, sie aber nicht nehmen wollen, dazu überredet werden, sich anders zu besinnen? Und was ist mit den Einwendungen der römisch-katholischen Kirche gegen jede Form von Geburtenbeschränkung, ausgenommen die sogenannte Rhythmusmethode von Knaus-Ogino, eine Methode nebenbei, welche sich bisher als fast völlig unwirksam erwiesen hat, die Geburtenzahl gerade jener industriell rückständigen Völker zu verringern, bei denen eine solche Verringerung von dringendster Notwendigkeit ist? Und diese Fragen über die hypothetisch vollkommene Pille müssen mit ebensowenig Aussicht auf befriedigende Antworten gestellt werden wie die Fragen über die bereits verfügbaren chemischen und mechanischen Methoden der Geburtenbeschränkung.

Wenn wir von den Problemen der Geburtenbeschränkung zu den Problemen übergehen, die verfügbaren Nahrungsmittel zu vermehren und unsere Naturschätze zu schonen, sehen wir uns Schwierigkeiten gegenüber, welche vielleicht nicht ganz so groß, aber noch immer ungeheuer sind. Da ist vor allem das Problem der Erziehung. Wie schnell können die unzähligen Bauern und Landwirte, die heute dafür verantwortlich sind, den größten Teil des Nahrungsmittelbedarfs der Welt zu befriedigen, dazu erzogen werden, bessere Methoden anzuwenden? Und sobald und wenn sie dazu erzogen sind, wo werden sie das nötige Kapital hernehmen, um sich mit den Maschinen zu versehen, dem Betriebsstoff und den Schmiermitteln, der Elektrizität, den Kunstdüngern und den verbesserten Züchtungen von Nahrungspflanzen und Haustieren, ohne welche die beste landwirtschaftliche Ausbildung nutzlos ist? Ebenso stellt sich die Frage, wer die Menschheit in den Grundsätzen und der Praxis der Erhaltung der Naturschätze erziehen soll. Und wie sollen die hungrigen bäuerlichen Bürger eines Landes, dessen Bevölkerung und Nahrungsmittelbedarf rapid ansteigen, daran gehindert werden, Raubbau zu treiben? Und wer wird, falls sie daran gehindert werden können, für ihren Unterhalt bezahlen, während die zerstörte und erschöpfte Erde allmählich, falls das noch möglich ist, gesundgepflegt und ihre Fruchtbarkeit wiederhergestellt wird? Oder man betrachte die rückständigen menschlichen Gesellschaften, die jetzt versuchen, sich zu industrialisieren. Wenn es ihnen gelingt, wer soll sie bei ihrem verzweifelten Bemühen, die anderen einzuholen und sich auf gleicher Höhe zu halten, daran hindern, die unersetzlichen Naturschätze des Planeten so dumm und mutwillig zu vergeuden, wie das ihre Vorläufer in diesem Rennen taten und noch immer tun? Und wo wird man, wenn der Tag der Abrechnung kommt, in den ärmeren Ländern das wissenschaftliche Potential und die riesigen Kapitalsummen finden, die erforderlich sein werden, um die unentbehrlichen Mineralien aus Erzen zu gewinnen, deren Gehalt zu niedrig ist, um unter den bestehenden Verhältnissen ihre Extraktion technisch zu ermöglichen und wirtschaftlich zu rechtfertigen? Es kann sein, daß mit der Zeit eine zweckmäßige Antwort auf all diese Fragen gefunden werden wird. Aber wann? Bei jedem Wettlauf zwischen der Zahl der Menschen und der Menge der Naturschätze ist die Zeit gegen uns. Am Ende des gegenwärtigen Jahrhunderts werden vielleicht, wenn wir uns sehr anstrengen, zweimal soviel Nahrungsmittel auf dem Weltmarkt sein wie heute. Aber es werden auch ungefähr zweimal soviel Menschen auf der Welt sein, und mehrere Milliarden dieser Menschen werden in ganz oder teilweise industrialisierten Ländern leben und zehnmal soviel Strom, Brennstoffe, Wasser, Holz und unersetzliche Mineralien verbrauchen wie ihre Eltern heute. Mit einem Wort, um die Nahrungsmittel wird es so schlecht bestellt sein wie heute und um die Rohstoffe beträchtlich schlechter.

Eine Lösung des Problems der Überorganisierung ist kaum weniger schwierig zu finden als für die obengenannten Probleme. Auch hier ist die Antwort in bloßen Worten und allgemeinen Ausdrücken ganz einfach. So zum Beispiel ist es ein politisches Axiom, daß Macht dem Besitz folgt. Aber es ist inzwischen eine historische Tatsache, daß die Produktionsmittel sehr schnell zum monopolistischen Besitz des ›Großen‹ Geschäfts und der ›Großen‹ Regierung werden. Darum muß man, wenn man an die Demokratie glaubt, Vorkehrungen treffen, den Besitz so weit als möglich zu verteilen.

Oder man betrachte das Wahlrecht. Im Prinzip ist es ein großes Vorrecht. In der Praxis ist es, wie die jüngste Geschichte wiederholt gezeigt hat, an und für sich noch keine Gewähr für Freiheit. Daher muß man, wenn man eine durch Abstimmung zustande gekommene Diktatur vermeiden will, die riesigen maschinenartigen Kollektive der modernen Gesellschaft in sich selbst regierende, freiwillig zusammenarbeitende Gruppen zerteilen, welche fähig sind, außerhalb der bürokratischen Systeme des »Big Business« und der totalitären Regierung zu funktionieren.

Übervölkerung und Überorganisierung haben die moderne Metropole geschaffen, in welcher ein wirklich menschliches Leben mit vielfältigen persönlichen Beziehungen fast unmöglich geworden ist. Daher muß man, wenn man die seelisch-geistige Verarmung der Einzelmenschen und ganzer Gesellschaften vermeiden will, die Großstadt verlassen und die kleinen Landgemeinschaften wiederbeleben oder andernfalls die Großstadt vermenschlichen, indem man innerhalb ihres Netzwerkes mechanischer Organisationen die städtischen Äquivalente kleiner Landgemeinschaften aufbaut, in welchen die Individuen als Gesamtpersönlichkeiten zusammenkommen und zusammenarbeiten können, nicht als bloße Verkörperungen spezialisierter Funktionen.

Das alles ist heute unverkennbar und war tatsächlich schon vor fünfzig Jahren unverkennbar. Von Hilaire Belloc bis zu Mortimer Adler, von den frühen Verfechtern der kooperativen Kreditgenossenschaften bis zu den Bodenreformern des modernen Italien und Japan haben Menschen, welche guten Willens waren, seit Generationen die Dezentralisierung wirtschaftlicher Macht und die weite Verteilung des Besitzes befürwortet. Und wie viele sinnreiche

Entwürfe für die Streuung der Produktion, für eine Rückkehr zur »Dorfindustrie« im kleinen Maßstab sind nicht vorgeschlagen worden! Und dann gab es Dubreuils ausführliche Pläne, den verschiedenen Abteilungen einer einzelnen großen industriellen Organisation ein gewisses Maß von Autonomie und Initiative zu überlassen. Es gab die Syndikalisten mit ihren Plänen einer staatenlosen Gesellschaft, organisiert als Verbund produktiver Gruppen unter den Auspizien der Gewerkschaften. In Amerika haben Arthur Morgan und Baker Brownell die Theorie einer neuen Art des Gemeinschaftslebens für Dorf und Kleinstadt entworfen und ihre praktische Durchführung beschrieben. Prof. Skinner von der Harvard-Universität hat das Problem vom Gesichtspunkt des Psychologen dargelegt in seinem nach Thoreaus *Walden* betitelten Buch *Walden Zwei*, einem utopischen Roman einer sich selbst erhaltenden und autonomen Gemeinschaft, welche so wissenschaftlich organisiert ist, daß niemand je in antisoziale Versuchungen kommt und jeder Mensch, ohne daß zu Zwang oder unerwünschter Propaganda gegriffen zu werden braucht, tut, was er tun soll, und glücklich und schöpferisch ist. In Frankreich errichteten während und nach dem Zweiten Weltkrieg Marcel Barbu und seine Anhänger eine Anzahl von selbstverwalteten, nichthierarchischen Produktionsgemeinschaften, welche zugleich Gemeinschaften der gegenseitigen Hilfe und eines wahren humanen Lebens waren. Und mittlerweile hat in London das Experiment in der Vorstadt Peckham bewiesen, daß es möglich ist, indem man den Gesundheitsdienst mit den weiterreichenden Interessen der Gruppe koordiniert, eine echte Gemeinschaft sogar in einer Metropole zu schaffen.

Wir sehen also, daß die Krankheit der Überorganisierung klar erkannt worden ist, daß verschiedene umfassende Kuren dagegen verschrieben und Behandlungen der Symptome da und dort und oft mit beträchtlichem Erfolg versucht worden sind. Und doch verschlimmert sich die Krankheit stetig, all diesem Predigen und dieser beispielhaften Praxis zum Trotz. Wir wissen, daß es gefährlich ist, Macht sich in den Händen einer herrschenden Oligarchie konzentrieren zu lassen; dennoch konzentriert sich Macht tatsächlich in immer weniger Händen. Wir wissen, daß für die meisten Menschen das Leben in einer modernen Riesenstadt anonym, atomisch und nicht wirklich menschlich ist; dennoch werden Riesenstädte ständig riesiger, und der Typus der verstädterten-industrialisierten Lebensweise bleibt unverändert. Wir wissen, daß in einer sehr großen und komplexen Gesellschaft die Demokratie fast sinnlos ist, außer für autonome Gruppen von handlicher Größe; dennoch werden immer mehr Angelegenheiten der Nation von den Bürokraten der Großregierung und der großen Konzerne geleitet. Es ist nur allzu offensichtlich, daß in der Praxis das Problem der Überorganisierung fast ebenso schwer zu lösen ist wie das der Übervölkerung. In beiden Fällen wissen wir, was getan werden sollte; aber in keinem der beiden waren wir bisher imstande, auf Grund unseres Wissens erfolgreich zu handeln.

An diesem Punkt angelangt, finden wir uns einer sehr beunruhigenden Frage gegenüber: Wollen wir wirklich auf Grund unseres Wissens handeln? Hält eine Mehrheit der Bevölkerung es für der Mühe wert, die Anstrengung auf sich zu nehmen, die gegenwärtige, zu totalitärer Kontrolle von allem und jedem führende Entwicklung aufzuhalten und, wenn möglich, rückgängig zu machen? In den USA – und sie sind das prophetische Bild der übrigen verstädterten und industrialisierten Welt, wie sie in ein paar Jahren sein wird – haben die jüngsten Ergebnisse der Meinungsforschung enthüllt, daß eine tatsächliche Mehrheit junger Menschen unter zwanzig, die Wählerschaft von morgen, kein Vertrauen zu demokratischen Einrichtungen hat, nichts sieht, was gegen die Zensur unbeliebter Ideen spräche, nicht glaubt, daß Regieren des Volkes durch das Volk möglich sei, und völlig zufrieden wäre, wenn sie weiter in dem Stil leben könnte, an den die Konjunktur sie gewöhnt hat, und von oben her von einer Oligarchie assortierter

Fachleute regiert würde. Daß so viele der wohlgenährten jungen »Fernseher« in der mächtigsten Demokratie der Welt so völlig gleichgültig gegen die Idee der Selbstregierung, so ohne jedes Interesse für Gedankenfreiheit und das Recht auf eine abweichende Meinung sind, ist betrüblich, aber nicht allzu erstaunlich. »Frei wie ein Vogel«, sagen wir und beneiden die beschwingten Geschöpfe um ihr Vermögen unbeschränkter Bewegungsfreiheit in allen drei Dimensionen. Aber leider vergessen wir die Dronte. Jeder Vogel, der gelernt hat, sich einen guten Lebensunterhalt aus dem Boden zu wühlen, ohne gezwungen zu sein, seine Flügel zu gebrauchen, wird bald auf das Vorrecht des Fliegens verzichten und für immer auf dem Erdboden bleiben. Ein Gleiches trifft auch auf die Menschen zu. Wenn das Brot dreimal täglich regelmäßig und reichlich geboten wird, werden viele ganz zufrieden sein, vom Brot allein zu leben – oder zumindest von Brot und Zirkusspielen allein. »Am Ende«, sagt der Großinquisitor in Dostojewskis Parabel, »am Ende werden sie uns ihre Freiheit zu Füßen legen und zu uns sagen: ›Macht uns zu euren Sklaven, aber füttert uns!‹« Und wenn Alioscha Karamasow seinen Bruder, den Erzähler der Geschichte, fragt, ob der Großinquisitor das ironisch meine, antwortet Iwan: »Keine Spur! Er behauptet, es sei sein Verdienst und das der Kirche, daß sie die Freiheit besiegt haben, und zwar, um die Menschen glücklich zu machen.« Ja, um die Menschen glücklich zu machen, »denn nichts«, das betont der Großinquisitor, »war einem Menschen oder einer menschlichen Gesellschaft je unerträglicher als die Freiheit«. Nichts außer der Unfreiheit; denn wenn Krisen eintreten, die Rationen verkleinert werden und die Sklavenhalter ihre Forderungen erhöhen, werden die erdgebundenen Dronten abermals nach ihren Flügeln schreien – nur um abermals auf sie zu verzichten, sobald die Zeiten sich bessern und die Drontenhalter milder und freigebiger werden. Die jungen Leute, die heute die Demokratie so wenig schätzen, werden vielleicht zu Freiheitskämpfern heranwachsen. Der Schrei:

»Gebt mir Fernsehen und Hamburger, aber belästigt mich nicht mit den Verantwortlichkeiten der Freiheit!«, wird vielleicht unter veränderten Umständen dem Schrei weichen: »Gebt mir Freiheit oder gebt mir den Tod!« Falls eine solche Revolution stattfindet, wird sie zum Teil durch das Wirken von Kräften verursacht sein, über welche auch die mächtigsten Herrscher sehr wenig Macht haben, und zum Teil durch die Untüchtigkeit, die Unfähigkeit dieser Herrscher, erfolgreich Gebrauch von den Gehirnmanipuliermitteln zu machen, mit welchen Wissenschaft und Technik den Möchtegern-Tyrannen versorgt haben und weiter versorgen werden. Wenn man bedenkt, wie wenig die Großinquisitoren früherer Zeiten wußten und wie armselig sie ausgerüstet waren, erscheinen ihre Leistungen erstaunlich. Ihre Nachfolger aber, die gut unterrichteten, wissenschaftlich gründlich geschulten Diktatoren der Zukunft, werden zweifellos fähig sein, noch weit Besseres zu leisten. Der Großinquisitor wirft Christus vor, die Menschen dazu aufgerufen zu haben, frei zu sein, und sagt ihm: »Wir haben Dein Werk berichtigt und es auf Mirakel, Mysterien und Macht gegründet.« Aber Mirakel, Mysterien und Macht genügen nicht, um die unbegrenzte Dauer einer Diktatur zu gewährleisten. In meiner Fabel von der »schönen neuen Welt« hatten die Diktatoren die Wissenschaft jenem Dreigestirn hinzugefügt und waren so imstande, ihre Autorität zu verstärken durch das Manipulieren der Körper der Embryos, der Reflexe der Kinder und der Gehirne der Halbwüchsigen und Erwachsenen. Statt bloß von Wundern zu reden und symbolisch auf Mysterien anzuspielen, waren sie imstande, ihren Untertanen durch eine Droge die unmittelbare Erfahrung von Mysterien und Mirakeln zu geben – bloßen Glauben in ekstatische Erkenntnis umzuwandeln. Die Diktatoren früherer Zeiten stürzten, weil sie ihre Untertanen nie mit genug Brot, genug Zirkusspielen, genug Mirakeln und Mysterien versorgen konnten. Auch besaßen sie kein wirklich effizientes System der Gehirnmanipulation. In der Vergangenheit waren Freidenker und Revolutionäre oft das Produkt der frömmsten und orthodoxesten Erziehung. Das ist nicht erstaunlich. Die von orthodoxen Erziehern angewendeten Methoden waren und sind noch immer äußerst ergebnislos. Unter einem wissenschaftlich geschulten Diktator wird Erziehung wirklich etwas leisten – mit dem Ergebnis, daß die meisten Menschen dazu heranwachsen werden, ihre Sklaverei zu lieben und nie von einer Revolution zu träumen. Es scheint keinen stichhaltigen Grund zu geben, daß eine durch und durch wissenschaftliche Diktatur je gestürzt werden sollte.

Mittlerweile verbleibt noch immer ein wenig Freiheit in der Welt. Viele junge Leute scheinen allerdings Freiheit nicht zu schätzen. Aber einige von uns glauben noch immer, daß ohne Freiheit die Menschen nicht wirklich menschlich werden können und daß Freiheit daher höchst wertvoll sei. Vielleicht sind die Mächte, die heute die Freiheit bedrohen, zu stark, als daß ihnen sehr lange Widerstand geleistet werden könnte. Es ist dennoch unsere Pflicht, alles, was in unseren Kräften steht, zu tun, um ihnen Widerstand zu leisten.